Sabine Seyffert

Komm mit ins Regenbogenland

Sabine Seyffert

Komm mit ins Regenbogenland

Phantasiereisen, Entspannungsrätsel und Gute-Nacht-Geschichten

Kösel

In Erinnerung an meine Mutter,
die die wunderschönsten Geschichten erzählen konnte.

4. Auflage 2010

Umschlag: Elisabeth Petersen, München
Illustrationen und Umschlagmotiv: Karin Schliehe und Bernhard Mark, Reutlingen
Druck und Bindung: Kösel, Krugzell
Printed in Germany
ISBN 978-3-466-30714-2

Weitere Informationen zu diesem Buch und unserem gesamten
lieferbaren Programm finden Sie unter
www.koesel.de

Gedruckt auf umweltfreundlich hergestelltem Offsetpapier
(säurefrei und chlorfrei gebleicht)

Inhalt

Kindheit heute

Immer mehr Kinder leiden heutzutage unter psychosomatischen Beschwerden wie Allergien, Magen-Darm-Problemen, Migräne, Einschlafstörungen, innerer Unruhe oder Konzentrationsschwierigkeiten. Meist werden diese Beschwerden besonders dann zu einem großen Problem, wenn die Kinder in die Schule kommen. In den viel zu großen Klassen haben die PädagogInnen kaum die Möglichkeit, auf einzelne Kinder und deren Probleme einzugehen und ihnen Hilfe anzubieten. Die Kinder können dem Unterricht nicht mehr folgen, werden unruhig, stören andere, werden zurechtgewiesen etc. So beginnt ein endloser Kreislauf ...

Auch die Eltern sind meist überfordert und wissen nicht, wie sie die Probleme ihrer Kinder in den Griff bekommen können. Dabei liegt deren Ursache oft darin, dass die Kinder einer enormen Reizüberflutung ausgesetzt sind. Das heißt, die Kinder haben keine Zeit mehr, sich zurückzuziehen, sich auszuruhen oder einfach den Dingen nachzugehen, zu denen sie Lust haben, weil ihr eigener Terminkalender bereits aus allen Nähten platzt.

In der Westdeutschen Zeitung wurde zu diesem Thema folgender Zeitungsartikel veröffentlicht:

»70% der Sechs- bis Neunjährigen geben an, dass sie häufig Stresssituationen erleben«, erklärt der Berufsverband Deutscher Psychologen. Der Grund: bei vielen Grundschülern bleibe für spontanes Spielen und Ruhepausen kaum noch Zeit. Neben der Schule seien fest geplante Freizeitaktivitäten dafür verantwortlich. Symptome einer gesundheitsschädlichen Stressbelastung seien häufige Kopf- und Bauchschmerzen, nervöse Unruhe und Schlafstörungen. Gleichzeitig entfielen mit 490.000 rund 15% aller Psychopharmakaverschreibungen in Deutschland auf Kinder ...

Dazu ein Kommentar von Klaus Koch, ebenfalls erschienen in der Westdeutschen Zeitung:

»Früh übt sich, wer später nicht im Berufsstress untergehen will. Anfangs hilft gern die zur Chauffeurin mutierte Mutter: Noch nicht ganz abgestillt, gilt es die Termine der Kinder für Pflege, Krabbelkurs, Spielkurs, Musikschule und Schwimmenlernen zu koordinieren. Später machen das die Kleinen offensichtlich lieber allein – am besten auf dem Computer. Da können Eltern mangels PC- Erfahrung nicht überprüfen, was es im zarten Kindesalter eigentlich alles minutengenau aufeinander abzustimmen gilt. Wenn dann in der Hektik der Schlaf verloren geht und der Kopf brummt, macht das nichts. Mit etwas Finesse lässt sich sicher noch ein Stündchen für den Anti-Stress-Kurs freischaufeln ...«

Ich habe selbst während meiner Tätigkeit als Erzieherin und Entspannungspädagogin immer wieder die Erfahrung gemacht, dass Eltern die Freizeit ihrer Kinder oft mit festen Terminen verplanen. Der Konkurrenzkampf unter den Eltern ist sehr groß. Je mehr die anderen Kinder aus der Kindergartengruppe oder Klasse an Kursen der Familienbildungsstätte, des Turnvereins o.Ä. teilnehmen, desto öfter melden die Eltern dann ihr eigenes Kind zu noch mehr Veranstaltungen an, weil sie glauben den Kindern damit einen Gefallen zu tun. Werden die Kinder dann unruhig oder beginnen beispielsweise unter Schlafstörungen zu leiden, empfehlen engagierte PädagogInnen oder Ärzte und Ärztinnen, es doch einmal mit einer Entspannungsmethode wie etwa dem Autogenen Training oder Yoga auszuprobieren. Sie vergessen dabei aber, die Eltern darauf aufmerksam zu machen, dass die Kinder mehr Ruhe und Entspannung vor allem in ihrer Freizeit benötigen, anstatt von einem Termin zum nächsten zu eilen.

Leider muss ich in meinen Entspannungskursen für Kinder häufig die Erfahrung machen, dass die Eltern keine Verantwortung übernehmen oder aber ihre Kinder mit falschen Vorstellungen in die Kurse schicken: »Wenn mein Kind Autogenes Training lernt, fällt es ihm bestimmt leichter, mit dem verplanten Alltag fertig zu werden, so dass weder die Schule noch der Flötenunterricht zu kurz kommen ...«

In einem Fall kam ein sechsjähriges Mädchen in meinen Kurs, das nach der Schule Klavierunterricht hatte, anschließend bei mir Autogenes Training machte und danach noch zum Schwimmkurs musste. Dass dieses Kind Probleme bekommt abzuschalten, sich zu entspannen oder sich auf eine einzige Sache zu konzentrieren, dürfte in diesem Fall niemanden wundern.

Dennoch vertrete ich die Ansicht, dass Kinder unbedingt eine Entspannungsmethode erlernen sollten, auch dann, wenn sie keine Probleme haben, denn der Alltag in unserer stark leistungsorientierten Gesellschaft ist in der Regel immer mit Unruhe, Stress und Hektik verbunden, von denen auch Kinder betroffen sind. Nur sollte man dabei bedenken, dass Kinder schließlich noch Kinder sind und ihren Freiraum und ihre Freizeit brauchen.

Um den Kindern Wege aufzuzeigen, die es ihnen leicht machen, sich gezielt zu entspannen und sich ausreichend Zeit zum Träumen und zum Entspannen zu nehmen, habe ich dieses Buch geschrieben. Im folgenden Kapitel erfahren Sie aber zunächst noch Wissenswertes zu den Phantasiereisen.

Warum sind Phantasiereisen für Kinder wichtig?

Über ihre Bedeutung und Wirkung

Phantasie ist viel wichtiger als Wissen,
denn Wissen ist begrenzt.

Albert Einstein (1879-1955)

Phantasiereisen fördern das Imaginationsvermögen der Kinder und erweitern bzw. schaffen so das Zutrauen zu ihrer eigenen schöpferischen Kraft. Die kindliche Neugier wird geweckt und die Kinder entwickeln viele neue, eigene und phantasievolle Ideen.

Alle im Buch enthaltenen Phantasiereisen ermöglichen den Kindern den liebevollen Einstieg in das endlos weite Reich der Phantasie. Die Phantasie und Kreativität werden durch die jeweiligen Entspannungsrätsel und -geschichten gefördert und können sich entwickeln. Sie zeigen den Kindern neue Wege auf, mit Problemen wie beispielsweise Stress, Angst oder Mutlosigkeit umzugehen. Denn in den einzelnen Geschichten werden kindliche Wünsche, Ängste und Bedürfnisse aufgegriffen, die den Kindern Lösungsmöglichkeiten weisen und sie ermutigen, ihre Situation zu meistern. Wichtig ist dabei, dass die Kinder in den Phantasiereisen direkt angesprochen und aufgefordert werden, diese Geschichte zu erleben. Sie sind die Hauptpersonen in den Geschichten und erleben diese mit »Haut und Haaren« in allen Einzelheiten. Aufmerksamkeit und Konzentration werden zudem gefördert und trainiert.

Kinder träumen oft am Tag oder in der Nacht, erinnern sich an Dinge, die sie erlebt haben, und erträumen sich ihre Zukunft. Durch diese Träume lösen sie indirekt Probleme und lernen Konflikte zu bewältigen. Durch diese Träume finden die Kinder letztlich ihren eigenen Weg.

Dieselbe Wirkung erzielen die Entspannungsrätsel und Phantasiereisen dieses Buches. Auch sie laden die Kinder ein, zu träumen, sich Dinge vorzustellen, etwas in Gedanken zu verändern, und sie finden dadurch schließlich selbst heraus, wer sie sind, was sie möchten und welchen Weg sie hierfür beschreiten müssen. Hinzu kommt, dass durch die Geschichten das Unterbewusstsein angesprochen wird. Die Kinder werden durch die Phantasiereisen ermutigt, sich auf ihr Unterbewusstsein, ihren inneren Instinkt zu verlassen und in ihrer eigenen Persönlichkeit gefördert, in ihrem Selbstbewusstsein gestärkt und ihnen zu einem positiven Selbstbild verholfen.

Zum Teil kann der natürliche Bewegungsdrang der Kinder durch bzw. in den Phantasiereisen ausgelebt und befriedigt werden. (Was nicht bedeutet, dass man den Kindern die Möglichkeit neh-

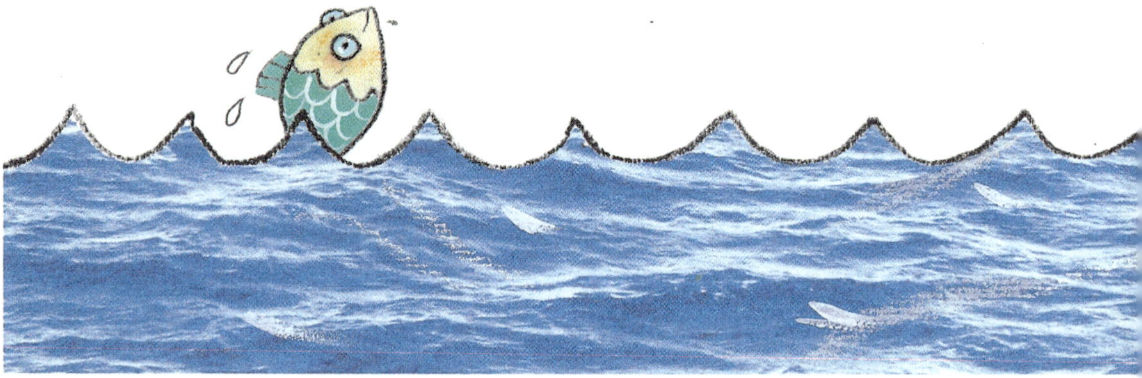

men sollte, sich aktiv zu bewegen oder sich auszutoben!) Denn dadurch, dass die Kinder unmittelbar in den Geschichten angesprochen werden, werden nicht nur psychische Spannungen, sondern auch jegliche körperliche Anspannung abgebaut. Die Geschichten enthalten Elemente aus der Entspannungsmethode des Autogenen Trainings wie beispielsweise die Ruhe, Schwere und Wärme. Mit der Vorstellung eines angenehmen Schweregefühls können sich die Muskeln vollkommen entspannen. Die vorgestellte Wärme entspannt zusätzlich die Blutgefäße, so dass wirklich vermehrt Blut durch den Körper strömen kann. Auch ohne vorherige Kenntnis dieser Entspannungsmethode wird den Kindern allein die Vorstellung und ihre Phantasie zu der ganzheitlichen Entspannung verhelfen!

Zudem lernen die Kinder, den Zustand der Ruhe und Entspannung zu genießen.

Da Phantasiereisen in der Regel von Erwachsenen vorgetragen und erzählt werden, vermittelt dies den Kindern ein Gefühl von wertvoller Anerkennung. Der Erwachsene hat die wunderbare Möglichkeit, beim Erzählen der Entspannungsrätsel und Phantasiereisen das Tempo individuell auf die anwesenden Kinder abzustimmen. Das macht das Erzählen für die Kinder lebendig und hebt sich von den eintönigen, starren und monotonen Abläufen, wie sie sie aus dem Fernsehen, vom Video, dem Computer oder Tonträgern her kennen, ab. Der Erwachsene ist im Gegensatz dazu auch nach Abschluss des Entspannungsrätsels oder der Phantasiereise anwesend und kann mit den Kindern Gespräche darüber führen. Das Kind erfährt so auf seine Eindrücke Resonanz und fühlt sich nicht allein gelassen oder abgeschoben.

Wie werden Kindern Phantasiereisen richtig vermittelt?

Wenn Sie Kindern die in diesem Buch enthaltenen Phantasiereisen vorlesen oder erzählen, ist es wichtig, dass Sie erst einmal eine behagliche Atmosphäre schaffen. Am besten beginnen Sie damit bei sich selbst. Nehmen Sie sich einige Minuten Zeit, um selber erst einmal zur Ruhe zu kommen. Sie sollten sich auf die Phantasiereise vorbereiten und sie zumindest einmal vorher durchgelesen haben, um mit deren Inhalt vertraut zu sein. Wenn Sie möchten, können Sie die Geschichte auch frei vortragen. So haben Sie die Möglichkeit, intensiver auf die Kinder einzugehen. Wenn Sie beispielsweise merken, dass die Kinder die Ruhe genießen und sich wohl fühlen, können Sie die Geschichten erweitern oder im anderen Fall auch beliebig verkürzen. Wichtig ist in jedem Fall, dass Sie zwischen den einzelnen Sätzen ausreichend Pausen machen, damit sich die Kinder in Gedanken alles gut vorstellen und mit ihren eigenen Bildern füllen können.

Die Entspannungsrätsel und Phantasiereisen sollten Sie mit ganz ruhiger Stimme erzählen. Am besten übt man dies erst einmal. Dazu können Sie den Text auf eine Kassette sprechen und sich diese anschließend mit geschlossenen Augen anhören und prüfen, ob die

Pausen ausreichend waren und die Stimme eine beruhigende Wirkung hat. Oder aber Sie tragen die ausgewählte Geschichte erst einmal Ihrem Partner oder einem Freund bzw. einer Freundin vor.

Der Raum, in dem die Phantasiereise durchgeführt wird, sollte stets gemütlich hergerichtet werden. Der Boden sollte freigeräumt (zwischen herumliegenden Legosteinen, Bauklötzen etc. kann man sich nicht entspannen oder gemütlich hinlegen!) und bei Bedarf mit Matratzen, Decken und Kissen ausgelegt werden, damit sich die Kinder richtig einkuscheln können. Ein hübscher, kleiner Blumenstrauß, eine Duftlampe, Teelichter oder eine Lichterkette reichen meist aus, um eine ruhige, entspannte und vor allen Dingen behagliche Atmosphäre zu schaffen. Wenn Sie die Möglichkeit haben, sollten Sie den Raum etwas abdunkeln, so dass er weder zu hell noch stockfinster (das macht vielen Kindern Angst) ist. Falls Sie die Phantasiereisen in einem Klassenraum o.Ä. durchführen, ist es ratsam, offene Regale und dergleichen mit eingefärbten Betttüchern oder Stoffbahnen zu verdecken. Dadurch wird vermieden, dass die Kinder abgelenkt und zu vielen Reizen ausgesetzt werden, die sie möglicherweise vom eigentlichen Geschehen abhalten.

Für das Vorlesen der Phantasiereise sollten Sie sich ausreichend Zeit nehmen und dafür sorgen, dass Sie niemand stört. Eine »zwischen Tür und Angel« erzählte Phantasiereise wird kaum den gewünschten Entspannungseffekt bringen! Am besten stellen Sie auch das Telefon oder die Klingel ab, falls sich diese unmittelbar in demselben Raum befinden und hängen an die Tür ein Schild, auf dem »Bitte nicht stören« steht. Wenn jemand während einer Phantasiereise in den Raum hineinplatzt, geht der gewünschte Entspannungseffekt verloren und die Kinder werden zu sehr abgelenkt.

Achten Sie darauf, dass die Kinder die Möglichkeit haben, es sich so richtig gemütlich zu machen. Je mehr Kissen und Decken die Kinder dazu zur Verfügung haben, desto besser. Manche Kinder, besonders jüngere, fühlen sich sicherer, wenn sie während der Geschichte ein Kuscheltier im Arm halten dürfen.

Bitten Sie die Kinder, nachdem sie es sich gemütlich gemacht haben, die Augen zu schließen. Mit offenen Augen kann man sich die Dinge weniger gut vorstellen, da man von zu vielen Dingen im Raum abgelenkt wird. Falls ein Kind seine Augen nicht schließen möchte, zwingen Sie es nicht. Vielleicht mag es sich lieber an der Decke einen Lieblingspunkt »ausgucken«, den es während der Geschichte ansieht. In der Regel schließen die Kinder ihre Augen nach einiger Zeit freiwillig.

Jede Phantasiereise sollte mit einer kleinen, gleich bleibenden Einleitung beginnen. Den Kindern hilft sie, besser abzuschalten, und sie finden sich auf diese Weise leichter in die Phantasiereisen hinein. Eine Einleitung könnte sich etwa so anhören:

»So, nun mache es dir erst einmal richtig bequem. Such dir dazu einen Platz aus, an dem du dich ganz wohl fühlst. Wenn dich dann nichts mehr stört, einengt oder drückt, schließe einfach deine Augen, damit du besser zuhören kannst ...«

Nach jeder Phantasiereise sollten die Kinder ausreichend Zeit haben, um wieder ins »Hier und Jetzt« zurückzukehren. Jedes Kind macht dies auf eine andere Weise. Manche sind blitzschnell wieder hellwach und munter. Andere Kinder dagegen benötigen sehr viel Zeit, bleiben noch eine ganze Weile liegen, reiben sich die Augen, recken und strecken sich, bis sie wieder »fit« sind. Wenn Sie merken, dass die Kinder ungern aus der Phantasiereise zurückkommen und sich davon schlecht lösen können, kann man als Hilfe ein kleines Ritual entwickeln. Beispielsweise kann man nach einer Geschichte ein kleines Glöckchen, eine Triangel oder Klangschale erklingen lassen, die alle Kinder »wecken«. Oder man geht im Raum herum und streicht den Kindern mit einer »Zauberfeder« über die Wange. Wenn man ausreichend Zeit hat, kann zum Ende der Phantasiereise leise meditative Musik eingespielt werden. Nach ca. fünf Minuten wird die Musik ausgeblendet und dadurch das Ende der Entspannungsphase signalisiert. Ihrer Phantasie sind dabei keine Grenzen gesetzt. Vielleicht haben die Kinder dazu auch eigene Ideen und Vorschläge, wie sie am liebsten aus einer Phantasiereise zurückgeholt werden möchten.

Kurze Rätsel zum Träumen und Entspannen

Die folgenden Rätsel zum Entspannen und Träumen eignen sich hervorragend als Einstieg, um Kinder an längere Phantasiereisen oder andere Entspannungsübungen heranzuführen. Die einzelnen Entspannungsrätsel wecken die kindliche Neugier. Mit viel Freude werden die Kinder dem ruhigen Klang Ihrer Stimme lauschen, wenn Sie ihnen eines der Rätsel vortragen werden. Denn Rätsel faszinieren Kinder, weil sie die Anwort, die in ihnen verborgen liegt, wie ein kleines Geheimnis hüten. An dieser Stelle sei gesagt, dass es bei den Entspannungsrätseln dieses Buches nicht unbedingt darum geht, die richtige Anwort herauszufinden. Sondern vielmehr darum, dass die Kinder mit Spaß und Freude dabei sind, wenn sie mit ihrer Phantasie die Rätsel ausschmücken und entwickeln. Kinder geben so den kleinen Rätseln eine ganz persönliche Note. Außerdem werden durch das Vorstellungsvermögen der Kinder ihre Sinne, Imaginationskraft und Kreativität geschult. Denn die kleinen Pausen geben den Kindern stets die Möglichkeit, sich den Inhalt der Entspannungsrätsel nach eigenen Wünschen und Vorstellungen auszuschmücken und zu gestalten.

Die Entspannungsrätsel fördern auf sanfte Weise die Konzentrationsfähigkeit des Kindes. Die einzelnen Rätselphantasien sind recht kurz und so interessant für Kinder, dass sie motiviert sind, aufmerksam bis zum Schluss zuzuhören, damit sie das Rätsel lösen können. Dies wiederum stärkt das Selbstvertrauen und Selbstbewusstsein der Kinder, denn wenn sie ein Rätsel gelöst haben, werden sie stolz und froh sein über ihr Können!

Bevor Sie nun mit den Entspannungsrätseln beginnen, sollten Sie den Kindern Gelegenheit geben, es sich erst einmal gemütlich zu machen. Legen Sie auch für diese kürzeren Entspannungsphasen Decken und Kissen bereit.

Vor jedem Rätsel sollten Sie die Kinder bitten, die Lösung wie einen »kleinen Schatz« für sich zu behalten (damit die anderen während der Erzählung nicht gestört werden), und mit einer kurzen Einleitung beginnen, wie Sie es auch bei längeren Phantasiereisen tun. Eine geeignete Einleitung für die Kinder könnte beispielsweise folgendermaßen lauten:

»Heute habe ich euch (wieder) ein kleines Rätsel mitgebracht, bei dem ihr es euch so richtig gemütlich machen könnt ... Wer mag, kann sich auf die Decke legen oder sich darin einkuscheln ... Wichtig ist, dass ihr euch dabei wohl fühlt und euch nichts mehr stört ... Wenn ihr bequem liegt, schließt eure Augen und lauscht dem Rätsel ...«

Doch zuvor möchte ich Ihnen noch einige Tipps geben, wie Sie die Entspannungsrätsel weiterführen können, um die Ruhe- und Erholungphasen zu vertiefen.

➤ Einige Tipps für die Weiterführung von Entspannungsrätseln

Lassen Sie die Kinder im Anschluss an ein Rätsel die Lösung aufmalen. So fördern Sie die Phantasie der Kinder und können die ruhige, entspannte Atmosphäre ausnutzen. Wenn die Kinder erst mit diesem Ablauf vertraut sind, brauchen Sie keine Anweisungen mehr zu geben, die die Kinder aus der Entspannungsphase herausholen. Legen Sie den Kindern vorher alle notwendigen Materialien zurecht, damit sie sofort beginnen können, die Bilder, die ihnen während des Entspannungsrätsels gekommen sind, malerisch auszudrücken.

Falls sie mit jüngeren Kindern arbeiten oder den Kindern den Druck nehmen möchten, ein »perfektes Kunstwerk« herstellen zu müssen, könnten Sie die Kinder einfach bitten, das Erlebte in Farben auf Papier zu bringen, ohne konkrete Gegenstände o.Ä. zu malen.

Wenn Sie mit den Kindern schon des Öfteren Entspannungsrätsel oder Phantasiereisen durchgeführt haben, könnten Sie ganz leise im Hintergund meditative Musik laufen lassen. Dies regt die Phantasie und Kreativität der Kinder zusätzlich an. Falls sich eines der Kinder dadurch allerdings gestört fühlt, sollten Sie lieber darauf verzichten.

Eine weitere Möglichkeit der Erweiterung und Vertiefung der Entspannungsphasen könnte beispielsweise das Theaterspielen sein. Die Kinder könnten sich passend zur Geschichte oder zum Rätsel verkleiden und das Erlebte darstellen. Vielleicht könnte man die Gruppe in mehrere Kleingruppen aufteilen und jede der Gruppen spielt ihr Rätsel oder die Geschichte den anderen vor. Besonders gut wäre natürlich, wenn die Kinder alles phantomimisch darstellten. Eine passende meditative Musik kann die Darstellung eventuell untermalen.

Oder aber Sie erfinden im Anschluss mit den Kindern einen kleinen meditativen Tanz. Dazu brauchen Sie natürlich einen Rekorder und meditative Musik, die sich für einen harmonischen Tanz gut eignet. Lassen Sie die Kinder zu der Musik ausprobieren, welche Bewegungen oder Bewegungsfolgen ihnen einfallen. Setzen Sie nach einer Weile ruhig Material wie Seiden-, Chiffon-, Tüll- oder Rhythmiktücher, Steine, Ballons, Bänder oder Kerzen ein.

Ältere Kinder möchten vielleicht das gehörte Entspannungsrätsel in eigene Worte fassen oder nach eigenen Wünschen ausschmücken und erweitern. Meist lassen sich diese Kinder auch schnell von der Idee begeistern, eigene kleine Phantasiereisen oder Rätsel zum Entspannen zu erfinden.

Die Sonne

Du bist etwas ganz Besonderes ... Nur bei Tag kann man dich sehen ... Die Menschen auf der Erde freuen sich, wenn sie dich sehen können ... Denn du schenkst ihnen angenehme Wärme und helles Licht ... Auch die Bäume und Blumen auf der Erde brauchen dich, damit sie wachsen können ... An manchen Tagen verdecken dich dicke Wolken, so dass man dein helles, warmes Licht auf der Erde vermisst ... Doch wenn ein kleiner Wind weht und die Wolken fortbläst, schickst du deine warmen Strahlen wieder auf die Erde ... Am Abend gehst du für eine Weile fort, um dich auszuruhen ... An deiner Stelle leuchtet dann der Mond ... Weißt du nun, wer du bist?

Die Wolke

Du bist meistens ganz weiß und siehst aus, als wärst du wunderbar weich, so weich wie ein dicker Wattebausch ... Du ziehst am blauen Himmel entlang ... Manchmal ganz langsam ... Doch wenn der Wind aus seinen dicken Backen bläst, dann ziehst du schnell des Weges ... Kinder beobachten dich oft von der Erde aus und bestaunen deine Form ... Denn du veränderst dein Aussehen ständig ... An manchen Tagen schaust du aus wie ein riesiger Elefantenkopf ... Dann wieder siehst du wie ein wuscheliges kleines Schaf aus ... Wie würdest denn du am liebsten aussehen, wenn du wirklich eine kleine ... wärst?

Der Mond

Wenn es Abend wird, steigst du am Himmel empor ... Du leuchtest des Nachts, wenn alle Menschen auf der Erde in ihren warmen Betten liegen und schlafen ... Um dich herum leuchten viele kleine Sterne am dunklen Abendhimmel ... Manchmal bist du nur als Sichel zu sehen ... An anderen Tagen leuchtest du dick und rund, wie ein großer Kürbis ... Wenn du des Nachts am Himmel stehst, leuchtest du auch in die Häuser hinein, um zu sehen, wie die kleinen und großen Menschen schlafen ... Wenn dann der Morgen naht und die Sonne aufsteigt, bist du ganz müde und legst dich schlafen, um dich für die kommende Nacht auszuruhen ... Was warst du in diesem Rätsel?

Die Wiese

Du bist grün und viele bunte Blumen wachsen auf dir ... Im Sommer verströmst du einen wunderbaren Duft ... Kinder lieben es, auf dir zu toben und umherzutollen ... Wenn die Sonne scheint und sie ihre warmen Strahlen zu dir hinunterschickt, kann man es sich herrlich auf dir bequem machen und sich entspannen ... Deine grünen Halme halten einen dabei weich und geborgen ... Bunte Schmetterlinge flattern über dir dahin und verstecken sich in den Blumen, die auf dir blühen, um sich für eine Weile auszuruhen ... Wer bist du?

Eine Blume

Dein Lieblingsplatz ist auf einer wunderschönen grünen Wiese ... Dich gibt es in vielen verschiedenen Formen und Größen ... Du blühst in allen Farben des Regenbogens ... Wenn die warme Sonne vom blauen Himmel herabscheint, leuchten deine Farben besonders schön und klar ... Dabei verströmst du einen wunderbar entspannenden Duft ... Kinder pflücken dich gerne und binden Kränze aus dir ... Große Menschen stellen dich meist in Vasen auf den Tisch, damit es drinnen schön aussieht ... Wie würdest du am liebsten aussehen ...?

Die Schildkröte

Du bist ein kleines Tier ... Ein besonderes Tier, das stets ganz gemütlich ist und sich bei allen Dingen viel, viel Zeit lässt ... Auf deinem Rücken trägst du einen festen Panzer, der dich schützt ... Wenn um dich herum zu viel los ist, du schlafen möchstest oder einfach einmal Ruhe brauchst, ziehst du dich in deinen Panzer zurück ... Auch deine vier Beinchen verschwinden darin und sind von außen nicht mehr zu sehen ... Wenn du dich dann genügend ausgeruht hast, kriechst du langsam aus deinem Panzer hervor ... Am liebsten knabberst du an knackigen, grünen Salatblättern herum ... Was bist du für ein Tier?

Ein kleines Kuscheltier

Du bist etwas, was jedes Kind hat ... Bei jedem Kind siehst du anders aus ... Aber die Hauptsache ist, dass es dich gibt ... Denn dir erzählen die Kinder ihre Sorgen oder ihre Ängste, wenn sie welche haben ... Du bist für die Kin-

der da und hörst ihnen gut zu ... Du machst ihnen Mut und stehst ihnen immer zur Seite ... Am liebsten nehmen die Kinder dich am Abend mit ins Bett, um sich beim Einschlafen gemütlich an dich zu kuscheln ... Wenn du mit ihnen im Bett liegst, können die Kinder viel besser einschlafen, weil sie wissen, dass du auf sie aufpasst und sie beschützt ...

Ein Vogel

Du bist ein Tier ... Vorne an deinem Kopf, an der Stelle, an der die Menschen ihre Nasen haben, hast du einen kleinen Schnabel ... Dein ganzer Körper ist mit einem weichen Federkleid bedeckt ... Rechts und links an deinem leichten Körper hast du Flügel ... Mit Hilfe deiner beiden Flügel kannst du fliegen ... Hoch hinauf in den weiten Himmel hinein kannst du fliegen ... Ganz frei und unbeschwert fühlst du dich dabei ... Manchmal fliegst du auch auf die dicken Äste der Bäume und versteckst dich in den prächtigen Baumkronen ... Dabei zwitscherst und singst du schöne Lieder ... Weißt du jetzt, was für ein Tier du in diesem Rätsel bist?

Ein Bett

Dich gibt es in jedem Haus ... Man findet dich im Schlafzimmer oder auch im Kinderzimmer ... Dein Gestell ist aus Holz und in deiner Mitte liegt eine Matratze ... Die Kinder lieben es, auf der Matratze herumzuhopsen und zu toben ... Auf der Matratze liegen ein schönes Laken, eine weiche Decke und ein Kissen zum Kuscheln ... Wenn die Kinder sich zum Schlafen in dich hineinlegen, nehmen sie meist ihr Kuscheltier mit ... Du hältst sie warm und geborgen, während sie schlafen ... Was bist du?

Eine Kerze

Dich gibt es in allen nur denkbaren Farben ... Auch deine Formen unterscheiden sich ... In deiner Mitte ist ein Docht, und um diesen Docht herum bist du ganz aus Wachs ... Die Menschen stellen dich in hübsche Ständer und Leuchter ... Dann zünden sie deinen Docht an, denn du schenkst ihnen mit deiner kleinen Flamme ein schönes Licht ... Bei einem Kindergeburtstag schmückst du den Kuchen ... Das Geburtstagskind darf dich dann ausblasen ... Hast du erraten, was du bist?

Ganz viel Schnee

Dich gibt es nur im Winter ... Besonders die Kinder freuen sich bei deinem Anblick ... Du fällst, wenn es draußen kalt ist, in dicken, weißen Flocken vom Himmel und rieselst auf die Erde ... Alles ist dann weiß und sieht aus wie mit Puderzucker bestäubt ... Du bedeckst die Dächer mit deinen Flocken, die Bäume und die Wiesen ... Wenn du lang genug auf die Erde gerieselt bist, können die Kinder Schlitten fahren oder aus dir einen tollen Schneemann bauen ... Bestimmt fallen dir noch andere tolle Sachen ein, die man mit dir machen kann ...

Ein Baum

Meist wächst du im Wald ... Du hast einen dicken Stamm, dessen Wurzeln weit in den Boden hineinragen ... Deine Wurzeln geben dir festen Halt ... Über deinem Stamm streckst du viele Äste und Zweige in den Himmel empor ... An den Zweigen sprießen im Frühjahr viele Knospen, die sich im Sommer zu grünen Blättern entfalten ... Die Blätter, die an dir wachsen, geben im Sommer, wenn die Sonne scheint, angenehmen Schatten ... Im Herbst verfärben sich deine Blätter in schöne warme Rot- und Gelbtöne und fallen schließlich von dir herab auf den Boden ... Im Winter bist du dann ganz kahl ... Kannst du mir verraten, was du in diesem Rätsel warst?

Ein Regenbogen

Dich gibt es nur ganz selten ... Dann, wenn die Sonne scheint und zur gleichen Zeit der Regen auf die Erde fällt ... Du bist dann am Himmel zu sehen, ganz riesengroß ... Dein Körper bildet einen Halbkreis, der aus vielen verschiedenen Farben besteht ... Deine Farben leuchten herrlich im Licht der warmen Sonne ... Der oberste Rand deines Körpers leuchtet so rot wie eine Kirsche ... Darunter blickst du ganz orange wie eine Apfelsine ... Danach schimmerst du so gelb wie eine Zitrone ... Noch ein bisschen tiefer, ist dein Körper prächtig grün wie das Gras auf einer Wiese ... Dann strahlst du so blau wie das tiefe Meer ... Und ganz unten leuchtest du violett wie eine reife Pflaume ... Weißt du jetzt, wie man dich nennt?

Ein Luftballon

Es gibt dich in allen nur denkbaren Farben ... Manchmal bist du so rot wie eine Kirsche ... Ein anderes Mal bist du so blau wie das weite Meer ... Aber es gibt dich auch in vielen anderen Farben ... In Form und Größe bist du verschieden ... Denn es kommt darauf an, wie viel Luft in dir ist ... Denn um mit dir richtig toll spielen zu können, muss man dich aufblasen ... In deine Öffnung pustet man mit dem Mund Luft in dich hinein ... Noch ein bisschen Luft, bis du schließlich die gewünschte Größe hast ... Meistens bist du kugelrund ... Aber es gibt dich auch in länglicher Form ... Mit einer dicken Nase oder Ohren ... Zum Schluss knotet man dein Ende zu, damit die Luft nicht wieder aus dir entweichen kann ... Wenn man dich dann in die Luft wirft, wirbelst du lustig umher und es macht richtig Spaß, hinter dir herzulaufen, um dich wieder einzufangen ... Sicherlich hast du längst herausgefunden, was du in diesem Rätsel gewesen bist!

Ein Eis

Alle Kinder lieben dich ... Aber auch die meisten großen Menschen essen dich sehr gerne ... Vor allen Dingen im Sommer, wenn es draußen so richtig warm ist und die Sonne scheint ... Denn du bist herrlich kühl und erfrischend ... Man kann dich in einem leckeren Waffelhörnchen kaufen ... Dort füllt man dich als kleine Kugeln hinein ... Mal schmeckst du wie Vanille ... Dann wie herrlich süße Schokolade ... Aber es gibt dich auch in vielen anderen Sorten, beispielsweise mit Erdbeergeschmack, Zitrone oder mit kleinen Schokoraspeln ... Manche Menschen essen dich am liebsten, wenn über dir noch ein bisschen Schlagsahne ist ... Kinder essen dich aber auch gerne, wenn du an einem hölzernen Stiel steckst und sie dich ablecken können ... Mehr brauche ich dir bestimmt nicht zu verraten, weil du längst weißt, wer du bist, oder?

Ein Heißluftballon

Du bist riesig groß ... An schönen Tagen kann man dich manchmal hoch oben am blauen Himmel sehen ... Du fliegst langsam und gemütlich durch die Lüfte, bis du an deinem Ziel angekommen bist ... Ganz oben bist du kugelrund, wie ein riesiger Ball ... Und in dieser riesigen Kugel ist Gas, damit du fliegen kannst ... Das Schönste aber ist, dass unter dieser Kugel eine Art Gondel befestigt ist, in der Menschen mit dir fliegen können ... Es ist toll, auf diese Weise mit dir hoch hinauf in die Lüfte zu steigen und die Welt von oben zu entdecken ... Von oben sieht nämlich alles ganz anders aus und winzig klein, wie Spielzeug ... Wohin würdest du am liebsten fliegen, wenn du ein richtiger ... wärst?

Ein Delphin

Du bist ein Tier des Meeres ... Man bezeichnet dich und deine Artgenossen als gute Freunde des Menschen, weil du ihnen schon oft das Leben gerettet hast ... Wenn du munter durch das Wasser tollst, bekommt man richtig Lust, mit dir zu toben ... Du tauchst unter den Wellen hindurch ... Springst in wunderschönen Bögen über kleine Wellen ... Deine Bewegungen sehen sehr elegant aus ... Und du kannst richtig tolle Geräusche machen ... Das hört sich manchmal so an, als würdest du ein kleines Lied singen ... Am liebsten ziehst du mit vielen anderen Tieren deiner Art durch das frische Wasser der Meere und genießt deine Freiheit ... Was für ein Tier bist du gewesen?

Eine Muschel

Dich gibt es an fast jedem Strand ... Kinder lieben es, durch den Sand zu laufen und viele von dir aufzusammeln ... Denn man kann mit dir eine gebaute Sandburg verzieren ... Oder zu Hause tolle Schachteln oder gemalte Bilder bekleben ... Oft nehmen dich die

Kinder als Erinnerung an den Urlaub mit nach Hause und zeigen dich dort ihren Freunden ... Es gibt dich in groß und in klein ... Manchmal ist deine Form auch länglich ... Deine Farben sind immer verschieden ... Es gibt dich glänzend, dann schimmerst du wie Perlmutt ... Ein anderes Mal hast du kaum sichtbare helle Streifen ... Ganz selten findet man dich, wenn du noch geschlossen bist ... Dann haften deine zwei Hälften ganz stark aneinander ... In ganz wenigen deiner Art befinden sich wertvolle Perlen ... Das ist etwas ganz Besonderes ... Wie würdest du gerne aussehen, wenn du eine ... wärst?

Ein weiches Kissen

Es gibt dich in allen erdenklichen Farben, Formen und Größen ... Das Besondere an dir ist, dass du ganz weich und kuschelig bist ... Abends, wenn die Kinder in ihren Betten liegen, hältst du ihre Köpfe sicher und geborgen ... Wenn du groß genug bist, kann man sich herrlich in dich hineinkuscheln ... In einem Berg von ... kann man sich ganz prima verstecken oder darunter herumkrabbeln ... Besonders viel Spaß macht es, eine kleine, wilde Schlacht mit dir zu veranstalten ... Denn man kann sich dabei nicht wehtun oder verletzen ... Nach einer solchen turbulenten Schlacht ist man dann so außer Puste, dass man sich in dich hineinfallen lassen kann, um sich erst einmal so richtig zu entspannen und zu erholen ... Wenn man dabei noch eine kleine Geschichte erzählt bekommt, ist das besonders erholsam ... Das Schöne an dir ist aber auch, dass du einen herrlich wärmen kannst ... Denn in dir stecken viele Federn, die angenehme Wärme spenden ... Sicherlich hat jeder zu Hause eins von dir im Bett, auf dem Sofa oder in einem gemütlichen Sessel. Nun darfst du mir gleich ins Ohr flüstern, was du warst!

Eine Kastanie

Es gibt dich nur im Herbst, wenn langsam, aber sicher die Blätter von den Bäumen fallen ... Du wächst nur an bestimmten Bäumen ... Um dich herum ist eine dicke grüne Schale mit kleinen Stacheln, die ganz schön pieksen, wenn man sie in den Händen hält ... Doch wenn man die Schale öffnet, liegst du sicher und geborgen im Inneren ... Du glänzt ganz stark, wenn man dich frisch aus einer Schale holt ... Deine Farbe ist leuchtend braun ... Und wenn du im Herbst von den Bäumen hinabfällst, ziehen die Kinder munter los und sammeln dich von den Wegen auf ... Sie tragen dann viele von dir nach Hause und basteln dort mit dir ... Man kann auch versuchen, Türme mit dir zu bauen, oder andere Spiele erfinden ... Tiere, die im Wald leben, wie Rehe und Hirsche, verspeisen dich mit Vorliebe ... Menschen dagegen können dich auch essen, aber eine andere Sorte als die der Waldbewohner ... Meistens machen die Menschen dich zum Essen warm und rösten dich in einer Pfanne ... Kannst du dir denken, was du bist?

Kleine Ausflüge ins Land der Phantasie

Die Phantasiereisen in diesem Kapitel sind nur zum Teil als Einstieg geeignet, wenn die Kinder bisher noch keinerlei Erfahrung mit Phantasiereisen oder anderen Entspannungsgeschichten gemacht haben. Ebenso wie die Entspannungsrätsel kann man sie ohne großen Zeitaufwand oder Vorbereitung für kurze Entspannungsphasen im Familienalltag, Kindergarten oder in der Schule vorlesen. Einige der Phantasiereisen sind jedoch so umfangreich, dass sie für »unerfahrene« Kinder als Einstieg zu lang sind. Greifen Sie in dem Fall lieber auf die kürzeren Geschichten dieses Kapitels oder die im vorangegangenen Kapitel angeführten Entspannungsrätsel zurück.

Die Geschichten helfen den Kindern, sich zu entspannen und sich wohl zu fühlen, und geben ihnen die Möglichkeit, das unendlich weite Land der Phantasie zu entdecken ...

Die Zauberwiese

Stell dir einmal vor, dass du einen gemütlichen Spaziergang machst ... In deinem Rucksack, den du auf dem Rücken trägst, hast du eine schöne Decke und Proviant dabei. Du gehst einen kleinen Weg entlang, den du gut kennst und bereits viele Male gegangen bist. Mit

einem Mal hörst du einen kleinen Vogel singen. Es ist der wunderschönste Vogel, den du je in deinem Leben gesehen hast. Sein kleiner Schnabel leuchtet golden in dem hellen Licht der Sonne und sein Federkleid schimmert in den tollsten Farben ... Als du dem wunderbaren Klang seiner Stimme lauschst, hörst du, wie er singt: »Ich bin Zino, der Zaubervogel, und kann dich an zauberhafte Orte bringen. Hast du Lust, einen dieser Orte kennen zu lernen?« Zino, der Zaubervogel, gefällt dir sehr und an einen wirklich zauberhaften Ort wolltest du schon immer Mal. »Wie wäre es mit einer kleinen Zauberwiese?« schlägst du dem Zaubervogel begeistert vor. Zino lächelt und nickt dir zu. »Folge mir! Aber sei ganz leise, damit du den Zauber der Wiese auch richtig genießen kannst!« zwitschert Zino. Und dann siehst du auch schon vor dir die Zauberwiese in ihrer ganzen Pracht und Schönheit ... Ihr grünes Gras duftet herrlich frisch und leuchtet im Sonnenlicht ... Auf der Wiese blühen Zauberblumen in allen erdenklichen Farben und Formen ... Du nimmst deine Decke aus dem Rucksack und suchst dir einen gemütlichen Platz auf der Zauberwiese, an dem du es dir schließlich so richtig gemütlich machst ... Und während du auf der Decke im warmen Gras liegst, schließt du deine Augen und spürst eine angenehme, wohlige Schwere im Körper ... Vollkommen ruhig und entspannt bist du ... Die Strahlen der Sonne wärmen dich und dann beginnst du auch schon zu träumen ... Du träumst den Traum der Zauberwiese ... Dabei schaust du dir die Wiese ganz genau an und träumst sie so, wie du dir eine Zauberwiese schon immer gewünscht hast ... (mindestens eine Minute)

Schließlich ist es an der Zeit, die Zauberwiese zu verlassen. Doch vorher atmest du den wunderbaren Duft der Zauberblumen ein, der dir neue Kraft schenkt. Wenn du nun genügend neue Kraft gesammelt hast, fliegt dich Zino, der Zaubervogel, heim ...

Die Wolkenreise

Du bist auf einer wunderschönen Wiese ... Mit deinen Füßen läufst du durchs weiche Gras ... Ein Stück vor dir entdeckst du einen kleinen Schmetterling, der über die bunten Blumen und die Wiese dahinfliegt. »Wenn ich doch auch fliegen könnte! Das muss ein tolles Gefühl sein, wenn man in den Himmel hineinfliegt und alles einmal von oben betrachten kann ...«, träumst du vor dich hin. Da stubst dich von der Seite eine wunderschöne, weiße Wolke an. »Hallo«, begrüßt sie dich mit einer hellen, zarten Stimme. »Wenn du Lust hast, kannst du es dir auf mir bequem machen. Dann kannst du so fliegen, wie du es dir gerade gewünscht hast!« Du strahlst vor Freude und kletterst auf die weiße Wolke hinauf. Ist das vielleicht weich und kuschelig auf der Wolke. Du machst es dir in aller Ruhe gemütlich und kuschelst dich in die Wolke hinein, bis du dich vollkommen wohl und geborgen fühlst. »Startklar?« fragt die Wolke dich. »Startklar!« lautet deine Antwort. Und da hebt sich die Wolke mit dir ganz sacht und vorsichtig ... Immer höher und höher fliegt ihr in den strahlend blauen Himmel hinein ... Vollkommen ruhig und entspannt liegst du auf der weichen Wolke ... Dein Körper fühlt sich angenehm schwer an ... Du lässt dir die warmen Strahlen der Sonne auf den Bauch scheinen und genießt das wunderbare Gefühl zu fliegen ... Man fühlt sich so frei und unbeschwert hier oben ... Alle Sorgen sind im Nu vergessen ... Du staunst darüber, wie die Welt von oben aussieht ... Und was man alles sehen kann – einfach toll! Eingekuschelt in die Wolke fliegst du über Wiesen und Felder ... Über einen Wald ... Dann entdeckst du unter dir einen kleinen See ... Und viele andere Dinge siehst du auf deiner Wolkenreise ...

Schließlich fliegt dich die Wolke nach Hause zurück ... Du fühlst dich vollkommen ausgeruht und voller Kraft ... »Wenn du wieder einmal Lust auf eine kleine Wolkenreise hast, schließe einfach deine Augen und denke fest an mich! Also, bis bald!« sagt die Wolke und fliegt in Richtung Himmel davon.

Im Regenbogenland

Stell dir vor, du sitzt in einem ganz gemütlichen Schaukelstuhl am warmen Kamin ... Du fühlst dich vollkommen ruhig und entspannt ... Draußen fallen kleine Regentropfen vom Himmel und klopfen ganz leise an die Fensterscheibe. Während du in deinem Schaukelstuhl sitzt und gemütlich hin- und herschaukelst, spürst du eine angenehme Schwere in deinem Körper ... Schließlich fallen dir beide Augen zu und du beginnst zu träumen ...

Du sitzt in einer Nussschale. Die Nussschale ist dein Boot und fährt dich auf einem ganz ruhig fließenden, kleinen Bach spazieren ... Als Erstes fährst du durch grünes Schilf hindurch. Bunte Blumen wachsen dazwischen. Schau sie dir ruhig genau an und lass ihre leuchtenden Farben auf dich wirken ... Dein Boot hält an einem Steg. Du kletterst hinaus und machst dein Boot gut an dem Steg fest. Du bist von der Gegend, die du erkundest, überwältigt. Das Gras, das hier wächst, ist leuchtend grün. Richtig saftig sieht es aus. Auf dem Gras wachsen tolle Blumen in den schönsten Farben, die du jemals gesehen hast ... Du kommst auf einen Kiesweg. Als du ihn entlanggehst, erkennst du, dass jeder der kleinen Steinchen eine andere Farbe hat, sogar verschiedene Muster erkennst du auf den Steinen ... Schließlich kommst du an einen schönen Baum, unter dem du dich etwas ausruhst. »Herzlich willkommen im Regenbogenland! Schau dich ruhig um. Neben dir findest du einen Farbkasten und allerlei Pinsel. Damit kannst du das Regenbogenland noch schöner machen. Lass deiner Phantasie freien Lauf ...«, hörst du den Baum flüstern. Und während du dich noch etwas darüber wunderst, dass der Baum soeben zu dir gesprochen hat, entdeckst du schon die Pinsel und den Farbkasten. Du musst lächeln, denn du hast schon viele Ideen, was du alles malen willst, damit das Regenbogenland noch schöner und vor allen Dingen bunter wird. Lass dir so viel Zeit, wie du benötigst. Wenn du Lust hast, kannst du mir nachher davon erzählen, doch nun ist es Zeit, mehr Farben ins Regenbogenland zu bringen ...

Lassen Sie den Kindern mindestens zwei Minuten Zeit. Je nach Ausdauer der Kinder auch länger. Haben die Kinder bereits Erfahrungen mit Phantasiereisen gemacht, kann am Ende dieser Geschichte ganz leise meditative Musik eingespielt werden. Eine Liste empfehlenswerter Tonträger finden Sie am Ende des Buches. Klingt die Musik schließlich aus, ist das für alle Kinder das Signal, wieder in den Raum »zurückzukommen«. Sicherheitshalber können Sie die Kinder auch noch verbal auffordern, die Übung zu beenden!

Im Zauberland fühl ich mich ganz entspannt

Stell dir nun vor, du liegst auf einer wunderbaren Zauberwiese. Diese Zauberwiese ist ein ganz toller Ort, an dem du dich prima ausruhen und entspannen kannst. Diese Zauberwiese sieht ganz genauso aus, wie du sie dir in deinen schönsten Träumen wünschst ...

Der Himmel ist strahlend blau und die Sonne scheint warm auf dich und deine Zauberwiese herab. Du hast Lust auf einen Spaziergang und schlenderst gemütlich über das grüne, weiche Gras. Dabei entdeckst du viele bunte Zauberblumen, die einen wundersamen Duft verströmen, und aus einiger Entfernung kannst du ein paar Vögel zwitschern hören ... Schließlich kommst du an einen ganz ruhig fließenden Bach. Du gehst ein Stück an ihm entlang, bis du vor einem goldenen Tor stehst, das herrlich im Licht der Sonne erstrahlt. Eine kleine Elfe steht davor und begrüßt dich ganz herzlich mit heller und zart klingender Stimme. »Hallo, willkommen im Zauberland!

Komm herein!« Mit diesen Worten öffnet die Elfe das goldene Tor. Du bist ganz entzückt von dem Anblick. Vor dir liegt nun das Zauberland in seiner ganzen Schönheit. Du schreitest durch das goldene Tor, als dir auch schon eine andere Elfe entgegenkommt und dich an ihre Hand nimmt: »Herzlich willkommen im Zauberland!« begrüßt auch sie dich. »Komm mit zu unserem Zaubersee!« Langsam führt sie dich einem kleinen See entgegen. Auf ihm schwimmen viele Seerosenblätter. Die Elfe bittet dich, auf einem Seerosenblatt deiner Wahl Platz zu nehmen. »Suche dir das schönste Blatt von allen aus. Du brauchst keine Angst zu haben. Die Blätter sind so groß und kräftig, dass sie dich unbeschwert tragen werden. Du musst wissen, dies ist der Zaubersee und da du dich im Zauberland befindest, ist alles etwas anders als in der Menschenwelt. Also steig einfach auf ein Blatt hinauf!« Du schaust noch einen Moment, dann hast du ein ganz besonders schönes Seerosenblatt entdeckt, auf dem du es dir gemütlich machen möchtest ... Zwei Schmetterlinge, deren Flügel in den schönsten Farben des Regenbogens schimmern, kommen vorbei und ziehen dein Seerosenblatt ganz vorsichtig und sacht. Während du ganz ruhig und entspannt auf dem Seerosenblatt liegst und die Fahrt auf dem Zaubersee genießt, spürst du, wie schwer deine Arme und Beine von dem anstrengenden Spaziergang sind. Es ist eine angenehme Schwere, die du in deinem Körper spürst ... Die Sonne im Zauberland ist wunderbar und schickt einige besonders schöne Strahlen auf dich und dein Seerosenblatt hinab. Ganz angenehm warm ist dein ganzer Körper nun ... Du schließt deine Augen und beginnst zu träumen ...

Von weit her hörst du die zarte Stimme der Elfe singen: »Im Zauberland fühl ich mich ganz entspannt ... Im Zauberland fühl ich mich ganz entspannt ...« Dabei spürst du, wie wieder neue Kraft in dir fließt und du dich tatsächlich vollkommen entspannt fühlst. »Im Zauberland fühl ich mich ganz entspannt ... Im Zauberland fühl ich mich ganz entspannt ...«, hörst du die wunderbare Stimme der kleinen Elfe immer wieder singen ...

Nun ist es leider Zeit für dich, das Zauberland für heute zu verlassen und nach Hause zurückzukehren. Die Schmetterlinge ziehen dein Seerosenblatt ans Ufer zurück. Die kleine Elfe begleitet dich noch ein Stück bis zum goldenen Tor und wünscht dir alles Gute. »Falls du mal wieder neue Kraft benötigst, dich nach Ruhe sehnst oder einfach Lust zum Träumen und Entspannen hast, dann denke einfach ganz fest: Im Zauberland fühl ich mich ganz entspannt ... Im Zauberland fühl ich mich ganz entspannt ... und dann wirst du zu mir und dem Zauberland finden, wann immer du willst.«

Überglücklich einen Ort gefunden zu haben, der dir Kraft und Energie gibt und an dem du so herrlich entspannen kannst, kehrst du schließlich vollkommen erholt nach Hause zurück ...

Im Traumzauberland

Draußen regnet es. Dabei hättest du gerade jetzt Zeit, draußen zu spielen. Traurig und enttäuscht liegst du auf deinem Bett und beobachtest von dort aus die Regentropfen, die vom Wind hin und her gepustet werden. Irgendwann fallen dir die Augen zu ...

War da nicht was? Neben dir auf dem Kopfkissen sitzt ein kleines Drachenmädchen und lächelt dir freundlich zu. »Ich heiße Fiona«, sagt das kleine Drachenmädchen. »Ich möchte dich einladen, mit mir auf meine Traumzauberwolke zu kommen. Dort ist es einfach toll. Wenn du willst, zeig ich sie dir!« »Einen Ausflug zur Traumzauberwolke? Das gefällt mir. Hier ist heute sowieso nichts los, bei diesem Wetter!« antwortest du begeistert. Fiona, das kleine Drachenmädchen, nimmt dich an die Hand und flüstert dir leise etwas ins Ohr: »Abrakadolke – flieg uns zur Traumzauberwolke!« Da fliegt ihr beiden auch schon los, dem Himmel entgegen. Immer noch sind dunkle Regenwolken unterwegs, doch du fliegst mit dem Drachenmädchen einfach durch sie hindurch. Langsam, aber sicher lasst ihr die dunklen Wolken hinter euch. Bis euch eine schöne, weiße Wolke entgegenschwebt, die überall mit kleinen Sternchen geschmückt ist ... Ist das eine tolle Wolke! So etwas hast du in deinem ganzen Leben noch nicht gesehen! »Na, gefällt dir meine Traumzauberwolke?« fragt dich Fiona und landet sanft auf dieser Wolke. Du bist so beeindruckt von dieser Wolke, dass kein Wort mehr über deine Lippen kommt und du nur zustimmend nicken kannst. Das Drachenmädchen lächelt: »Dann mach es dir erst einmal so richtig gemütlich auf der Traumzauberwolke. Hier kannst du dich ausruhen, dich entspannen und ganz viel träumen ...« Du kuschelst dich in die weiche Wolke und spürst, wie sich in dir ganz viel Ruhe ausbreitet ... Ganz geborgen fühlst du dich hier oben. Ein Stück neben dir liegt Fiona, das Drachenmädchen. Sie atmet ganz ruhig und gleichmäßig ... Sie ist bestimmt eingeschlafen, denkst du und beginnst ebenfalls zu träumen ... Im Traum gehst du durch das Traumzauberland ... Am Himmel über dir ziehen viele Traumzauberwolken vorüber. Und auf jeder dieser Wolken sitzt ein kleiner Drache ... Du spazierst über eine schöne Wiese, auf der jede Menge bunter Zauberblumen wachsen. Jede Blume sieht ein bisschen anders aus als die anderen. Alles schimmert so hell und klar. Ganz ruhig ist es hier. Außer ein paar Zaubervögeln, die auf den Bäumen sitzen und ihre Lieder singen, hört man kaum etwas. Du kommst aus dem Staunen nicht mehr heraus ...

Schließlich kommst du an einen Bach, der munter vor sich hin sprudelt. »Hallo!« raunt das Wasser dir zu. »Wundere dich nicht darüber, dass ich sprechen kann. Ich bin die Zauberquelle, und hier im Traumzauberland ist alles anders. Hier geschehen all die Dinge, die du dir in deinen Träumen wünschst. Außerdem kannst du dich im Traumzauberland gut ausruhen und erholen. Oder du kannst

neue Kräfte sammeln, wenn du erschöpft bist. Das Traumzauberland ist dein Ort, an dem du all die Dinge tun kannst, die dir Spaß machen. Wir kennen hier keine Hast und keine Eile. Und wir haben auch vor nichts Angst. Schau dich einfach um. Und je mehr Träume und Phantasie du hast, desto schöner ist das Traumzauberland.«
Du wanderst durch das Traumzauberland und entdeckst immer wieder neue Dinge, die du zu Hause noch nie gesehen hast. Auch die Farben, die du siehst, verzaubern dich ...

»Das Abendessen ist fertig!« hörst du aus der Küche jemanden rufen. Verwundert öffnest du die Augen. Hab ich geträumt, fragst du dich. Aber da entdeckst du auf der Fensterbank das kleine Drachenmädchen. »Machs gut!« ruft Fiona dir zu, »besuch mich mal wieder!« und schon fliegt das Drachenmädchen in Richtung Himmel davon ...

Fröhlich reckst und streckst du dich, bis du dich vollkommen erholt fühlst. Dann springst du munter aus dem Bett und schlenderst in die Küche, wo das Abendessen schon auf dich wartet ...

Eine Reise ins Land der Träume

Du kommst gerade müde und erschöpft aus dem Kindergarten (der Schule) nach Hause. Der Vormittag war ganz schön anstrengend. Am liebsten würdest du dich erst einmal so richtig ausruhen. Du schlendest deinem Zimmer entgegen, und als du die Tür zu deinem Zimmer öffnest, liegt vor dir eine wunderschöne Wiese ... Komisch, denkst du noch, und stehst mit einem Mal mitten auf dieser Wiese zwischen vielen bunten Blumen ... Ein kleiner Schmetterling flattert munter um deine Nase herum. »Herzlich willkommen im Land der Träume! Endlich hast du den Weg hierhin gefunden. Hier kannst du all die Dinge tun, zu denen du Lust hast. Dort hinten zwischen den zwei Bäumen gibt es übrigens eine ganz gemütliche Hängematte, in der es sich prima ausruhen lässt. Wenn du magst, führe ich dich dorthin!« »Oh ja!« jubelst du begeistert. »Ausruhen ist eine super Idee! Ich bin ziemlich geschafft.« Der kleine Schmetterling fliegt voraus. Während du über die Wiese schlenderst, spürst du das weiche Gras unter deinen Füßen. Ist das vielleicht schön hier ...

Als du bei den Bäumen ankommst, kletterst du gleich in die Hängematte hinein. Die Hängematte sieht wie ein Regenbogen aus, so bunt ist sie. Du machst es dir darin gemütlich. Sogleich kommen zwei weiße Tauben angeflogen, die dir ein Glas Limonade bringen. »Hallo«, wirst du von den Tauben begrüßt. »Wir dachten, du könntest eine kleine Erfrischung gut gebrauchen. Lass es dir schmecken.« Schon sind die weißen Tauben wieder verschwunden. Du trinkst einen großen Schluck Limonade. Dabei spürst du, wie wieder neue Kraft in dir fließt ... »Weißt du, Lara, hier im Land der Träume ist alles anders, als du es von zu Hause kennst. Hier sind alle Sachen einfach wie verzaubert. Das hilft dir dabei, wieder munter zu werden und einmal den ganzen Stress zu vergessen«, verrät dir der kleine Schmetterling. »Ist doch toll hier, oder?« Du schaust dich um. Der Himmel über dir ist ganz und gar blau. Dann entdeckst du die Sonne. Die Sonne hier sieht aber lustig aus, denkst du. Die Sonne sieht aus wie eine kleine Fee, die am Rücken Flügel hat. Um den Kopf dieser Sonnenfee strahlt es ganz hell und klar. Einige dieser Strahlen kommen auch zu dir in die Hängematte herunter und wärmen deinen Körper. Das tut gut. Alles ist so herrlich warm. Du schließt die Augen für einen Moment, um die Wärme der Sonnenfee noch besser spüren zu können ...

Dann hast du dich genug erholt und fühlst dich frisch wie nie zuvor. »Komm, kleiner Schmetterling«, rufst du. »Ich möchte das Land der Träume kennen lernen.« Zusammen wandert ihr beiden auf der Wiese herum, bis ihr an einen kleinen Bach kommt. In diesem Bach schwimmen bunte Fische umher. Ein Fisch taucht auf und bittet dich, auf seinem Rücken Platz zu nehmen. Der Fisch bringt dich an das andere Ufer. »Viel Vergnügen im Land der Träume«, wünscht dir der Fisch und taucht sogleich ins kühle Wasser hinab. Weiter und immer weiter gehen du und der kleine Schmetterling durch das Land der Träume hindurch. Ihr seht kleine Drachen, die das Feuerspeien üben ... Trefft Hexen, die auf ihren Besen durch die Lüfte sausen ... Und Riesen, die das Land der Träume bewachen. Die Riesen passen auf, dass kein großer Mensch das Land der Träume zerstört. Denn die meisten großen Menschen mögen es nicht, wenn die kleinen Menschen hierher kommen, um sich zu erholen, Spaß zu haben und das Leben zu genießen. Aber nicht alle großen Menschen sind so. Es gibt auch welche, die selbst hierher kommen, um sich zu erholen oder einfach einmal zum Träumen ... Der Tag neigt sich langsam dem Ende zu. Die Sonnenfee wird gleich in ihr Himmelbett steigen, um dem Mondmann Platz zu machen. Der Mondmann steht des Nachts am Himmel und passt auf, dass sich jeder gut ausruht und schöne Träume hat. Für dich ist es an der Zeit zurückzukehren. Der kleine Schmetterling schenkt dir zum Abschied eine Blume. »Es ist eine Zauberblume. Sie blüht immerfort. Bewahre sie gut auf. Wenn du mit ihr deine Zimmertür berührst, wirst du den Weg ins Land der Träume zu jeder Zeit wiederfinden. Viel Glück und besuch uns bald einmal wieder ...«

Als du deine Augen aufschlägst, liegst du in deinem Zimmer auf dem Bett. »Ich muss wohl eingeschlafen sein«, denkst du. Doch als du aufstehst, siehst du die Zauberblume, die dir der Schmetterling geschenkt hat. Du legst die Blume vorsichtig neben dein Kopfkissen. Noch bevor du mit dem Spielen beginnst, reckst und streckst du dich ausgiebig, bis du dich voller Kraft fühlst ...

Die Sonnenreise

Stell dir vor, du bist auf einer wunderschönen Zauberwiese ... Sieh dich einen Moment dort um und träume dir die Zauberwiese so, wie du sie dir wünschst ...

Du spazierst gut gelaunt auf der Wiese umher und nimmst den wunderbaren Duft der Blumen wahr, die hier wachsen ... Der Duft wirkt herrlich entspannend ... Auf einmal stößt du mit deinem Fuß an etwas wunderbar Warmes. Vor deinen Füßen liegt doch tatsächlich ein Sonnenstrahl. Du staunst, doch dann bekommst du Lust, auf dem warmen Sonnenstrahl entlangzuwandern. Beim Weiterge-

hen spazierst du den schönen Sonnenstrahl hinauf, der Sonne entgegen …

Als du schließlich ganz oben bei der Sonne angelangt bist, schaust du dich um. Ein wunderbar warm Licht leuchtet hier … Du kannst eine angenehme Wärme in deinem Körper spüren … Ganz warm ist dein Körper … »Herzlich willkommen, kleines Menschenkind!« begrüßt dich die Sonne mit ihrer zarten Stimme. »Schau dich ruhig um und such dir einen gemütlichen Platz aus, an dem du dich ausruhen und wärmen kannst!« Einfach toll, denkst du und begibst dich auf die Suche nach einem geeigneten Platz zum Verschnaufen. Die Wanderung auf dem Sonnenstrahl hat dich nämlich ein bisschen müde gemacht. In einiger Entfernung entdeckst du einen kleinen See, dessen blaues Wasser in dem Licht der Sonne glitzert. Es

ist ein richtiger Sonnensee und an seinem Ufer liegt Sand, der golden schimmert. Du machst es dir im warmen Sand bequem und genießt die Wärme hier im Land der Sonne. Du bist vollkommen ruhig und entspannt ... Dein Körper fühlt sich angenehm schwer an ... In dir drin spürst du nun auch eine wohltuende Wärme, die sich in dir ausbreitet ... Du schließt die Augen und träumst den Traum vom Land der Sonne ...

Schließlich wird es Zeit für dich, nach Hause zurückzukehren. Du verabschiedest dich vom Sonnensee und der Sonne. Dann setzt du dich auf den schönen Sonnenstrahl, auf dem du ins Land der Sonne gekommen bist, und rutschst vorsichtig wieder hinunter. Die Sonne hast du längst hinter dir gelassen, da entdeckst du unter dir bereits die Wiese. Als du unten angekommen bist, dankst du dem kleinen goldenen Sonnenstrahl und machst dich auf den Heimweg ...

Phantasiereisen für die gesunde Atmung

Eine gesunde, richtige Atmung ist für jeden Menschen lebenswichtig. Leider verlernt man als Kind schon schnell, richtig zu atmen. Aufgrund anhaltenden Stresses, zu hoher Anforderungen der Gesellschaft oder der permanenten Alltagshektik gewöhnen sich viele Menschen an, nur flach und oberflächlich zu atmen. Das heißt, die eingeatmete Luft wird lediglich im Brustkorb hin und her geschoben, ohne dass wirklich frischer Sauerstoff in die Lungen kommt. Wenn wir einatmen, zieht sich unser Zwerchfell zusammen. Das Zwerchfell ist unser größter und wichtigster Atemmuskel, der sich etwa eine Handbreit über unserem Bauchnabel befindet. Zieht sich das Zwerchfell beim Einatmen zusammen und füllen sich unsere Lungen mit Sauerstoff, erkennt man das daran, dass sich unser Bauch leicht hebt. Beim Ausatmen entspannt sich das Zwerchfell, die Lungen leeren sich wieder und der Bauch senkt sich. Doch unsere Lungen können sich erst dann wieder mit frischem Sauerstoff füllen, wenn wir sie zuvor völlig geleert bzw. richtig ausgeatmet haben.

Dass unsere Atmung sehr auf unsere Gefühle reagiert, wird sicherlich jedem aufgefallen sein: Sind wir aufgeregt oder befinden wir uns in einer stressigen Situation, atmen wir flach und schnell. Schrecken wir auf oder fühlen wir uns bedroht, halten wir vor lauter Schreck die Luft regelrecht an oder spüren, wie uns der Atem im wahrsten Sinne des Wortes stockt.

Mit Hilfe von gezielten Entspannungsübungen, beispielsweise aus dem Autogenen Training oder der Atemtherapie, kann man das gesunde Atmen wieder erlernen. Doch auch mithilfe bestimmter Phantasiereisen kann man den Kindern helfen, wieder zu dem eigenen, natürlichen Atemrhythmus zurückzufinden. Während der Geschichten erfahren die Kinder eine wohltuende Ruhe und ihr Körper entspannt sich. Erleben die Kinder in den Geschichten dann zum Beispiel Bewegungen, die so ruhig und regelmäßig sind wie ihr eigener Atem, werden sie ebenfalls ruhig und gleichmäßig atmen. Das tut ihrem Körper gut. Beliebte Bilder in Phantasiereisen für gutes, gesundes Atmen sind u. a. die ruhige und gleichmäßige Bewegung eines Baumes, der sich im Wind hin und her bewegt, kleiner Wellen, die an den Strand gespült werden, oder einer schaukelnden Hängematte bzw. eines sich hin- und herbewegenden Schaukelstuhls. Bestimmt fallen Ihnen und Ihren Kindern noch zahlreiche Dinge ein, die sich durch ihre ruhigen Bewegungen wohltuend auf ihre Atmung auswirken. Lassen Sie Ihrer Phantasie freien Lauf und erfinden Sie gemeinsam andere Phantasiereisen, die den Kindern zu einem gesunden Atemrhythmus verhelfen. Viel Erfolg!

Die kleine Katze

Stell dir einmal vor, du spielst in einem schönen Garten ... Auf einmal siehst du im grünen Gras ein kleines Kätzchen liegen. Das kleine Kätzchen schaut dich mit großen, lieben Augen an. Du setzt dich neben das kleine Tier ins weiche Gras, nimmst es vorsichtig hoch und drückst es liebevoll an deinen Körper. Das kleine Kätzchen hat ganz weiches, kuscheliges Fell. Und während du es in deinen Händen hältst, kannst du spüren, wie das Kätzchen atmet ... Ganz ruhig und regelmäßig atmet das Kätzchen ein und aus ... Ein und aus, immer in demselben ruhigen Rhythmus ... Du legst dich auf die Wiese und setzt das Kätzchen auf deinen Bauch ... Ganz ruhig und entspannt liegst du da und genießt die warmen Strahlen der Sonne auf deinem Körper ... Und während das Kätzchen so auf deinem Bauch liegt, kannst auch du deinen Atem spüren ... Ganz ruhig und regelmäßig geht dein Atem in dir ein und aus ... Ein und aus ... So ruhig und gleichmäßig wie der Atem des Kätzchens ... Nach einer Weile hüpft die kleine Katze von deinem Bauch hinunter und tollt im Gras herum ...

Für dich ist es nun an der Zeit, wieder nach Hause zurückzukehren ... Recke und strecke dich noch einmal kräftig, bis du dich voller Kraft fühlst ...

Fühl dich wie ein Baum im Wind

Stell dir einmal vor, du machst einen kleinen Ausflug zu einer wunderschönen Waldlichtung. Schau dich eine Weile dort um und such dir einen Platz aus, an dem du es dir gemütlich machen möchtest ... In deinem Rucksack hast du eine schöne Decke, die du auf dem Boden ausbreiten kannst, um dich darauf auszuruhen. Als du dich auf die Decke legst, erblickst du vor dir am Waldrand einige schöne Bäume, die prächtige Baumkronen haben. Während du dir die Bäume ansiehst, merkst du, wie ein leichter Wind durch die Baumkronen weht und sie ganz sacht hin und her bewegt ... Ganz ruhig und regelmäßig werden die Bäume vom Wind bewegt ... Immer hin und her ... Hin und her, ganz ruhig und gleichmäßig ... Du spürst, wie ruhig und entspannt du bist ... Um dich herum gibt es keine lauten Geräusche, nur leise Dinge, wie das Singen der Vögel, kannst du hören ... Immer noch wiegt der Wind die Baumkronen hin und her, ganz ruhig und regelmäßig ... Versuche dabei einmal deinen Atem zu spüren ... Auch dein Atem fließt ganz ruhig und regelmäßig in dir ein und aus ... Ein und aus, immer im gleichen ruhigen Rhythmus ...

Doch nun mache dich wieder auf den Heimweg und packe deine Sachen in den Rucksack ... Bevor du jedoch zurück in diesen Raum kommst, atme noch ein paar Mal ganz tief ein und aus ...

Mein Atem

Mach es dir erst einmal richtig bequem. Am besten legst du dich auf deinen Rücken. Wenn dich nichts mehr stört, schließe einfach deine Augen und lege für einen Moment die Hand auf deinen Bauch ... Kannst du deinen Atem spüren ... Immer dann wenn du gerade einatmest, hebt sich dein Bauch ein Stück ... Wenn du ausatmest, senkt er sich ... Dein Atem geht ganz ruhig und regelmäßig in dir ein und aus, ein und aus ...

Richte nun deine Aufmerksamkeit auf deine Nasenspitze ... Versuche deine Nasenspitze zu spüren und dann deine Nasenlöcher ... Merkst du, wie sie sich ganz sacht bewegen, wenn du ein- und ausatmest ... Spüre einfach die Luft, die durch deine Nase einströmt ... Die Luft strömt weiter durch deinen Rachen und Hals hindurch ... Bis sie schließlich in deinen Lungen angekommen ist ... Wenn die

Luft verbraucht ist, atmest du sie aus, um neue Luft einatmen zu können ... Versuche ruhig dabei zu spüren, wie sich dein Bauch ganz regelmäßig hebt und wieder senkt ... Ganz ruhig und regelmäßig geht dein Atem ... Du bist dabei vollkommen ruhig und entspannt ...

So, dann komme langsam wieder zurück in diesen Raum und öffne deine Augen ... Sei aber bitte ruhig dabei und warte, bis auch die anderen Kinder wieder hier angekommen sind ...

Meine Hängematte

Stell dir vor, du liegst in einer wunderschönen Hängematte, die zwischen zwei großen, kräftigen Bäumen hängt. Die Bäume haben jeder einen ganz dicken Stamm, sie tragen die Hängematte und dich mühelos. Während du gemütlich in der Hängematte liegst, schaust du in den strahlend blauen Himmel hinein und bist vollkommen ruhig und entspannt ... Die Hängematte wird von einem kleinen Wind ganz sacht hin- und hergeschaukelt ... Hin und her bewegt sich die Hängematte in einem ganz ruhigen, gleichmäßigen Rhythmus ... Da spürst du deinen Atem, der genauso ruhig und regelmäßig in dir fließt wie die Hängematte hin- und herschaukelt ... Ganz ruhig und regelmäßig schaukelt dich die Hängematte und hält dich sicher und geborgen ... Achte noch einen Moment lang auf deinen Atem ... Spüre, wie dein Atem ganz von allein in dir fließt ... Ruhig und regelmäßig ...

Nun kehre zu uns zurück in diesen Raum ... Nimm dir hierfür die Zeit, die du brauchst ... Recke und strecke dich ... Atme einige Male tief ein und aus ... Und dann öffne deine Augen wieder ...

Ein Ausflug ans Meer

Stell dir nun vor, du bist an einem wunderschönen Strand am Meer ... Natürlich hast du daran gedacht eine große Decke mitzunehmen. Während du ein Stück am Strand entlanggehst, genießt du die Ruhe hier ... Man hört nur das leise Rauschen des Wassers und das Plätschern der kleinen Wellen. Schau dich einen Moment lang um und such dir einen Platz, an dem du es dir auf deiner Decke ganz gemütlich machen kannst ...

Du liegst nun auf deiner Decke und beobachtest die kleinen Wellen, die in einiger Entfernung an den Strand kullern ... Dort brechen die Wellen und fließen ins Meer zurück, bis sie schließlich wieder zu einer Welle werden ... Immer wieder wachsen die kleinen Wellen heran, werden an den Strand gespült und fließen wieder ins Meer zurück ... Es passiert immer in demselben ruhigen Rhythmus ... Ruhig und regelmäßig kommen die kleinen Wellen und gehen wieder ... Kommen und fließen zurück ... Kannst du deinen Atem spüren ... Auch dein Atem geht ruhig und regelmäßig ... Ganz ruhig und gleichmäßig fließt dein Atem, wie die Wellen am Strand ... Wenn du magst, beobachte die Wellen noch eine Weile ...

Nun kehre zu uns zurück und öffne deine Augen. Und nimm dir hierfür die Zeit, die du brauchst ...

Der Brunnen der Kraft

Du liegst nun ganz ruhig und entspannt auf dem Boden ... Schließe deine Augen und lege eine Hand auf deinen Bauchnabel ... Stell dir nun vor, dass unter deiner Hand, tief im Bauch, ein schöner Brunnen steht. Es ist der Brunnen der Kraft, den jeder von uns in sich trägt ... Wenn du dich müde und erschöpft fühlst, kannst du aus dem Brunnen der Kraft neue Energie schöpfen. Wichtig dabei ist, dass du es dir dazu immer ganz gemütlich machst und ruhig bist, so wie jetzt ... Dann geh mit deiner ganzen Aufmerksamkeit zu dem Brunnen der Kraft und schau ihn dir genau an ... Wie sieht dein Brunnen aus ... Welche Farbe hat er ... Wie groß ist dein Brunnen der Kraft ...

Wenn du dir deinen Brunnen der Kraft lang genug angesehen hast, versuche Kraft aus dem Brunnen zu schöpfen ... Das ist gar nicht schwer. Du musst dich einfach nur auf den Brunnen der Kraft konzentrieren. Mit deinem Atem wird es dir gelingen, Kraft aus ihm zu schöpfen. Versuch einfach mit Hilfe deines Atems, die Kraft aus dem Brunnen zu pumpen. Atme dazu ruhig und regelmäßig ein und aus ... Bei jedem Einatmen pumpst du die Kraft ein Stück höher aus dem Brunnen heraus ... Das Ausatmen gibt dir dann wieder Energie, um weiterzupumpen ... Spürst du, wie du die Kraft aus dem Brunnen heraufholst ... Atme ganz ruhig und gleichmäßig weiter und weiter ... Lass den Atem einfach in dir fließen und denke an die Kraft, die du aus dem Brunnen dabei holst ... Immer mehr und mehr Kraft gewinnst du aus dem Brunnen, während du ganz ruhig und regelmäßig tief ein- und ausatmest ... Du kannst so viel Kraft aus dem Brunnen in dir schöpfen, wie du benötigst ... Achte dabei auf deinen Atem, der dir hilft, die Kraft aus dem Brunnen zu ziehen ... Lass dir so viel Zeit, wie du magst ...

Wenn du schließlich genug neue Kraft aus deinem Brunnen geschöpft hast, achte einen Moment auf deinen Atem ... Wie fühlt sich dein Atem jetzt an ... Und was für ein Gefühl kannst du in deinem Körper spüren ...

Öffne nun langsam deine Augen und komme zurück in diesen Raum ...

Mein Schaukelstuhl

Stell dir einmal vor, du sitzt in einem wunderschönen Schaukelstuhl ... Über deinen Beinen liegt eine Decke, die dich ganz geborgen hält ... Vor dir schaust du in den Kamin hinein ... Die Wärme des Kamins spürst du in deinem ganzen Körper ... Richtig wohl und geborgen fühlst du dich ... Langsam beginnst du mit dem gemütlichen Schaukelstuhl hin und herzuschaukeln ... Hin und her, hin und her ... Ganz ruhig und regelmäßig schaukelst du nach vorne und wieder zurück ... In einem ganz ruhigen und gleichmäßigen Rhythmus ... Du spürst dabei, wie dein Atem in dir fließt ... Auch dein Atem geht ganz ruhig und regelmäßig in dir ein und aus ... Ein und aus ... Lass deinen Atem einfach in dir fließen, ruhig und regelmäßig ... Und mit deinem Schaukelstuhl schaukelst du weiter, immer weiter ganz sacht und ruhig ... Du spürst dabei, wie ruhig du nun bist und wie sich diese innere Ruhe in deinem ganzen Körper ausbreitet ... Du bist vollkommen ruhig und entspannt ...

Wenn die Kinder mit Übungen dieser Art bereits vertraut sind, können Sie an dieser Stelle für einige Minuten ruhige, meditative Musik einspielen. Die Kinder haben dann die Möglichkeit, die Entspannung durch die ruhige und tiefe Atmung zu intensivieren! Ein Tipp: Die MC von Christiane Sautter mit dem Titel »Meditation für Kinder« (siehe Anhang) eignet sich hierfür besonders.

Sammle nun all deine Kraft und Energie und kehre hierhin zurück ... Wenn du magst, balle deine Hände zu festen Fäusten, atme ein paar Mal tief ein und aus und recke dich nach Herzenslust ...

Elfe des Lichts

Schließe deine Augen und stell dir vor, dass in dir eine kleine Elfe des Lichts wohnt ... Diese Elfe des Lichts ist ganz winzig klein und hat einen zarten Körper ... An ihrem Rücken hat sie zwei Flügel, die aussehen, als wären sie aus Glas ... Die Elfe des Lichts schimmert ganz hell und ihr warmes, klares Licht schenkt dir neue Energie und Kraft für den Alltag ... Versuche jetzt dir vorzustellen, wie die Elfe des Lichts sich in deinem Kopf auf die lange Reise durch deinen Körper macht, um dir neue Kraft zu schenken ... Doch du musst der Elfe des Lichts dabei ein wenig helfen. Sie kann nur dann durch deinen Körper fliegen, wenn du sie mithilfe deines Atems durch ihn hindurchschickst. Jedes Mal, wenn du einatmest, fliegt die kleine Elfe des Lichts ein Stück weiter durch deinen Körper ... Du liegst ganz ruhig und entspannt da ... Richte nun deine Aufmerksamkeit auf deine Stirn, wo die Elfe des Lichts schon auf dich wartet. Lass sie mit Hilfe deines Atems als Erstes durch deinen Kopf wandern, damit du dich wieder frisch und erholt fühlst ... Lass deinen Atem ganz ruhig und regelmäßig in dir fließen und schicke die Luft dabei in deinen Kopf ... Ganz ruhig und regelmäßig geht dein

Atem dabei ein und aus, ein und aus ... Bei jedem Atemzug fliegt die Elfe des Lichts ein Stück weiter durch deinen Kopf ... Lass den Atem nun durch deinen Hals hinunterfließen, damit die Elfe deinen Kopf verlassen kann, um auch den restlichen Körper mit hellem Licht und neuer Energie zu versorgen ... Ruhig und regelmäßig zieht dein Atem durch deinen Hals hindurch ... Nun lass die Elfe durch deine Schultern fliegen und schließlich in deine Arme hinabgleiten. Deine Arme brauchen natürlich auch Kraft, weil sie den lieben langen Tag viel arbeiten ... Achte dabei auf deinen Atem und lass ihn einfach in dir fließen ... Ganz ruhig und regelmäßig begibt sich die Elfe erst in den einen Arm hinein, dann in den anderen ... Lass die Elfe so lange in deinen Armen fliegen, bis du dort wieder genug Kraft hast und alles mit hellem Licht erfüllt ist ... Dann schicke deinen Atem durch deinen Brustkorb hindurch in den Bauch hinein ... Die Elfe des Lichts fliegt bis zu deinem Bauch und du spürst dabei die Kraft, die sie dir schenkt ... Ruhig und regelmäßig hebt sich dein Bauch beim Atmen ... Dann wird es für die Elfe des Lichts Zeit, auch deine Beine mit neuer Kraft und hellem, frischem Licht zu versorgen. Du weißt ja nun, wie du die Elfe in deine Beine fliegen las-

sen kannst ... Ganz ruhig und regelmäßig fließt dein Atem, während du die Elfe in deine Beine schickst ...
Schließlich ist dein ganzer Körper mit hellem Licht erleuchtet und voller Kraft und Energie ... Außerdem fühlst du dich dank der Elfe des Lichts vollkommen entspannt ... Verabschiede dich nun von ihr ... Wenn du damit fertig bist, öffne deine Augen und komme nach deinem eigenen Tempo wieder zurück in diesen Raum und nimm dir hierfür die Zeit, die du brauchst ...

Kleines Küken

Stell dir nun einmal vor, du hältst in deinen Händen ein winzig kleines Küken ... Es ist ein bisschen aufgeregt, weil es dich erst einmal kennen lernen muss ... Doch du merkst, wie das Küken sich beruhigt und sich in deine warmen Hände hineinkuschelt ... Wohl und geborgen fühlt sich das kleine, kuschelige Küken in deinen warmen Händen, die es sicher halten ... Dabei spürst du die Atmung des kleinen Kükens ... Ganz ruhig und regelmäßig hebt und senkt sich der Bauch des Kükens ... Du spürst seine Atmung mit deinen Händen und bist ganz fasziniert, wie ruhig und tief es atmet ... Auch du kannst deinen Atem spüren ... Setze das kleine Küken auf deinen Bauch und versuche zu spüren, wie dein Atem in dich hineinströmt ... Dabei hebt sich dein Bauch ein kleines bisschen ... Beim Ausatmen senkt er sich wieder ... Lass es einfach in dir atmen, ganz ruhig und regelmäßig ... Dabei schaukelt dein ruhiger Atem das kleine Küken sanft auf deinem Bauch ... Ruhig und regelmäßig strömt dein Atem in dir ... Lass ihn einfach fließen und spüre, wie sanft das Küken auf deinem Bauch durch ihn in den Schlaf gewiegt wird ...

Warten Sie mindestens eine Minute. Eventuell kann meditative Musik eingespielt werden. Die Kinder sollten in diesem Fall allerdings mit den Übungen bereits schon lange Zeit vertraut sein.

Nun atme einige Male ganz tief ein und aus ... Balle deine Hände zu festen Fäusten und tue all die Dinge, die du tun musst, um wieder ganz fit und voller Energie zu sein ... Komm zurück in diesen Raum, nimm dir hierfür die Zeit, die du brauchst, und verhalte dich so lange ganz leise, bis alle die Übung auf ihre Weise beendet haben ...

Fliegendes Blatt

Du machst einen kleinen Spaziergang auf einer Wiese ... Es ist ein wunderschöner Tag im Herbst ... Die Sonne scheint und der Himmel ist ganz blau und wolkenlos ... Du bist vollkommen ruhig und entspannt ... Du genießt es, einmal gar nichts tun zu müssen ... Der wunderbar entspannende Duft des frischen Grases strömt in deine Nase und erinnert dich daran, wie entspannt du bist ... Nachdem du eine Weile gegangen bist, kommst du an einen wunderschönen Baum mit einer prächtigen Baumkrone ... Du setzt dich ins weiche Gras und betrachtest den Baum ... Ein leichter Windhauch streift durch die Baumkrone und eines der Blätter segelt langsam auf die Wiese hinab ... Ganz leicht schwingt dieses Blatt auf dem sanften Windhauch hin und her ... Hin und her ... Ganz ruhig und immer in demselben Rhythmus ... Bis es schließlich im grünen Gras landet ... Da entdeckst du das nächste Blatt, das von einem Ast fällt ... Ebenso ruhig und regelmäßig fliegt das Blatt von rechts nach links ... Dann

wieder etwas nach rechts und zurück ... Dabei spürst du, wie dein Atem in dir fließt ... Ganz ruhig und regelmäßig strömt dein Atem in dich ein und aus ... Ein und wieder aus ... Lass deinen Atem einfach in dir fließen und beobachte dabei die fallenden Blätter ... Genauso ruhig und regelmäßig, wie diese im Wind zur Erde tanzen, fließt dein Atem in dir ...

Sie sollten den Kindern an dieser Stelle mindestens eine Minute Zeit geben, um auf ihren Atem zu achten!

So, nun ist es langsam an der Zeit, deinen kleinen Spaziergang für heute zu beenden ... Mache dich also auf den Heimweg und komme wieder in deinem eigenen Tempo hierhin in diesen Raum zurück!

Phantasiereisen zur Förderung der Persönlichkeit

Wenn Kinder sich kränklich und matt fühlen, von Sorgen, Problemen oder anhaltendem Stress geplagt werden oder wenn sie unter Ängsten leiden, verspannt sich der Körper. Die Kinder meinen, sich schützen zu müssen und gehen in eine Abwehrhaltung, die ihnen ihre innere Ruhe und die Möglichkeit sich zu entspannen nimmt.

Die Phantasiereisen des folgenden Kapitels verhelfen den Kindern zu mehr Mut und Selbstbewusstsein. Zudem befriedigen sie das Bedürfnis der Kinder nach Schutz, Sicherheit und dem Gefühl des Geborgenseins. Mit dieser inneren Ausgeglichenheit können die Kinder sich wieder in aller Ruhe entspannen und ausruhen.

Ich bin ein Riese

Stell dir einmal vor, du wärst ein Riese. Ein richtig großer Riese ... Du hättest ganz lange Arme und Beine ... Deine Füße wären so groß wie ein Auto und deine Hände so riesig wie eine Bratpfanne ... Auf deinem langen Körper sitzt ein großer Kopf ... Deine riesengroßen Augen, die groß wie Fußbälle sind, können alles sehen, deine Nase nimmt auch den unauffälligsten Geruch wahr und mit deinem unwahrscheinlich großen Mund könntest du drei Geburtstagskuchen gleichzeitig essen ... Als Riese wärst du groß, stark und mächtig ... Niemand könnte dir Leid antun, denn vor dir hätten alle Respekt, weil du so riesig bist ... Versuch dir doch einmal vorzustellen, wie das wäre ... Was würdest du machen, wenn du ein Riese wärst ... Wie würdest du dich fühlen ... Hättest du mehr Vorteile, wenn du ein Riese wärst ... Lass dir ruhig viel Zeit beim Nachdenken ...

Dann überlege dir jetzt, was für Nachteile es hätte, wenn du tatsächlich so groß und stark wärst wie ein Riese ...

Versuche nun, dich selbst zu sehen, so wie du wirklich bist ... Wenn du jetzt gleich wieder zurück in diesen Raum kommst, versuche doch einfach, dich so mutig und stark zu fühlen, wie du es eben als Riese getan hast ... Du kannst dir jederzeit vorstellen ein Riese zu sein, wenn du das Gefühl hast, mehr Mut und Kraft zu brauchen ...

So, nun aber schlüpfe wieder in deinen eigenen Körper und komme zurück in diesen Raum ...

Die kleine Schnecke

Wenn du deine Augen schließt, stell dir vor, du wärst eine kleine Schnecke mit einem wunderschönen Schneckenhaus ... Dein Schneckenhaus trägst du ständig mit dir auf deinem Rücken. Wenn es um dich herum zu laut wird oder du etwas Zeit brauchst, um zu verschnaufen, kriechst du einfach in dein wunderschönes Schneckenhaus ... Niemand stört dich hier ... Auch wenn draußen in der weiten Welt einmal Gefahr lauert, versteckst du dich in deinem Haus ... Dein Schneckenhaus hält dich stets sicher und geborgen ...

Doch jetzt möchtest du einen kleinen Spaziergang unternehmen. Langsam, ganz langsam und gemütlich kriechst du einen Weg entlang. Schau dich nur um und sieh dir an, wohin du krabbelst, kleine Schnecke ... Du kennst keine Hast und Eile ...

Vollkommen ruhig und entspannt bist du und kriechst mit viel Ruhe und Gemütlichkeit umher ...

Bevor du gleich wieder zurück in diesen Raum kommst, schau dich genau an ... Wie sieht dein Schneckenhaus aus ... Welche Farben hat es und wie groß ist dein Schneckenhaus ...

Öffne nun langsam deine Augen ... Wenn du magst, kannst du gleich erzählen, wie du dich als Schnecke gefühlt hast und wie es in deinem Schneckenhaus war ... Vielleicht hast du auch Lust, dich als Schnecke zu malen.

Eine Kiste voller Zauberkreide

Stell dir mal vor, du machst einen kleinen Spaziergang über eine wunderschöne Wiese ... Über dir wölbt sich der strahlend blaue Himmel. Die Sonne strahlt und schickt viele warme Strahlen zu dir und der Wiese hinunter. An einem schönen Platz, den du auf der Wiese gefunden hast, machst du es dir ganz gemütlich. Nach einer Weile fallen dir die Augen zu und du beginnst zu träumen ...

Im Traum bist du auf der Wiese und findest vor dir im Gras eine hölzerne Kiste. Sie sieht wie eine richtige Schatztruhe aus und auf ihrem Deckel steht in großen Buchstaben: »Bitte öffne mich!« Also öffnest du die Kiste und findest in ihrem Innern Zauberkreide in den wunderschönsten Farben, die du dir nur vorstellen kannst. Und ehe du darüber nachdenken kannst, was du nun mit der Zauberkreide anstellst, springt dir auch schon das erste Stück Zauberkreide in die Hand. Das Stück Kreide ist leuchtend gelb wie eine saftige Zitrone ... Du hörst ein leises Flüstern. »Mal dir die Welt, so wie sie dir gefällt. Male mit der Zauberkreide alles kunterbunt. Die Dinge, die dir Angst machen, zeichnest du so, wie sie dir gefallen. Vielleicht magst du eine Person freundlicher malen oder hast Lust deine Schule (den Kindergarten) mit Hilfe der Zauberkreide zu verschönern. Du kannst alles so verändern, um- und anmalen, bis du vollkommen glücklich und zufrieden bist und dich nichts mehr stört oder dir Angst macht!« flüstert die Kiste mit der Zauberkreide dir mit freundlicher, leiser Stimme zu. Das lässt du dir nicht zweimal sagen und machst dich sogleich an die Arbeit. Du malst und zeichnest mit allen Farben der Zauberkreide. Lass dir ruhig so viel Zeit, wie du dafür benötigst und bis du wirklich zufrieden mit allem bist ...

Nun lege die Zauberkreide wieder zurück in die hölzerne Kiste und klapp den Deckel zu. »Du kannst wiederkommen, wann immer du magst und du die Welt und dein Leben mit der Zauberkreide verschönern möchtest«, flüstert die Kiste dir zum Abschied zu. »Du weißt ja, wo du mich finden kannst!« Dann ist alles ruhig und still. Verabschiede dich von der Kiste und der wunderschönen Wiese. Komme dann in deinem eigenen Tempo wieder hierhin zurück und öffne langsam deine Augen ...

Eine kleine Quelle

Wenn du deine Augen schließt, stell dir einfach vor, dass in deinem Kopf eine kleine Quelle entspringt. Aus dieser Quelle sprudelt klares, reines Wasser, das deinen Körper reinigt. Das klare, reine Wasser wird dich von allen Sorgen, Ängsten und Problemen befreien, die du im Moment vielleicht hast. Das Wasser wird mehr und mehr ... Schließlich hat das klare Wasser deinen Kopf von allen Ängsten, Problemen und Sorgen befreit. Das Wasser hat ein richtig frisches, gutes Gefühl hinterlassen ... Und munter sprudelt das Wasser der kleinen Quelle weiter durch deinen Hals hindurch. Auch dort wird dein Körper völlig rein gewaschen und von allem befreit, was dort nicht sein soll ... Das Wasser sprudelt nun durch deine Schultern und nimmt all die schwere Last fort, die auf ihnen liegt ... Dann fließt das Wasser deine beiden Arme rechts und links hinunter, bis in deine Hände hinein ... Das Wasser reinigt deinen Oberkörper von allem, was dich bedrückt und dir Sorgen bereitet. Auch dein Herz spült das klare Wasser vollkommen rein ... Du bist jetzt frohen Mutes, fühlst dich geborgen und glücklich ... Weiter rinnt das Wasser. Immer weiter und weiter durch deinen Körper hindurch. Es fließt durch den Bauch und wäscht all die Dinge fort, die dir schwer im Magen liegen ... Dann säubert das klare Wasser der kleinen Quelle natürlich auch deine beiden Beine rechts und links ... Und ganz zum Schluss fließt es mit allem, was nicht in dir sein soll, aus deinen Fußspitzen hinaus ...

Du fühlst dich jetzt ganz frisch und munter. Nichts ist mehr in dir, was dir Kopfzerbrechen bereitet oder dich schmerzt ... Danke der kleinen Quelle für ihre Hilfe und komme dann langsam wieder zurück ...

Der See der Heilung

Stell dir vor, du befindest dich auf einer wunderschönen Wiese, auf der viele bunte Blumen wachsen, die wunderbar duften. Du gehst über die Wiese und spürst das weiche Gras unter deinen Füßen. Ein Stück vor dir flattert ein bunter Schmetterling über die Blumenwiese dahin. Du folgst ihm eine Weile, bis du an einen schönen kleinen See kommst. Als du mit deinen Füßen das Wasser am Rand des Sees berührst, spürst du, wie angenehm warm das Wasser ist und wie wohltuend es auf deinen Körper wirkt ...

Du hast Lust, in dem See zu baden. Das Wasser ist nicht tief und es ist ganz klar, so dass du bis auf den Grund schauen kannst. Das Wasser des Sees umspült deinen Körper und wäscht all das von dir, was dich belastet ... Es reinigt dich von allen Sorgen und Problemen ... Das Wasser spült sogar deine Ängste fort ... Du fühlst dich sehr gut und vollkommen frisch und erholt ... Bevor du den See mit dem heilenden Wasser wieder verlässt, wasche dir mit Hilfe deiner Hände die restlichen trüben Gedanken und Sorgen fort, bis dich nichts mehr bedrückt oder ärgert ...

Während du aus dem Wasser kommst und den See der Heilung verlässt, spürst du, wie die warme Sonne deine Haut trocknet und angenehm wärmt ... Dein Körper strahlt hell und rein im Licht der warmen Sonne und du fühlst dich richtig gut ... Du weißt, dass du jederzeit wieder hier an den See der Heilung zurückkehren kannst, um neue Kraft und Energie zu schöpfen. Oder wenn du einmal all deine Sorgen, Ängste und Probleme von dir waschen möchtest.

Nun komme in deinem eigenen Tempo wieder zurück in diesen Raum und öffne deine Augen ... Wenn du magst, kannst du laut gähnen und dich ausgiebig recken und strecken ...

Die geheime Botschaft

Wenn du deine Augen schließt, stelle dir vor, du machst einen Spaziergang durch den Wald. Es ist ein wunderschöner Tag. Der Himmel ist hellblau und wolkenlos. Die Sonne scheint warm vom Himmel herab und erhellt alles um dich herum. Während du weiter den Weg entlanggehst, genießt du die Ruhe und lauschst dem Klang der Vogelstimmen ...

Vor dir siehst du einen besonders schönen Sonnenstrahl, der auf die großen Wurzeln eines Baumes scheint. Beim näheren Hinsehen erkennst du, dass genau an der Stelle, auf die der Sonnenstrahl trifft, ein Brief liegt. Auf dem Umschlag steht in großen Buchstaben dein Name. Darunter steht in kleineren Buchstaben: »Geheime Botschaft! Bitte den Umschlag vorsichtig öffnen!« Du hebst den Briefumschlag auf und öffnest ihn behutsam, so wie du es gelesen hast. Dann ziehst du einen kleinen goldenen Zettel aus dem Umschlag. Auf seiner Rückseite findest du die geheime Botschaft, die nur an dich allein gerichtet ist. Lies sie dir in Ruhe durch ...

Nur du allein kennst die geheime Botschaft. Überlege noch einen Moment lang, warum gerade diese Nachricht auf dem goldenen Zettel stand und was dir die geheime Botschaft sagen will ... Wird dir die geheime Botschaft in deinem Alltag nützlich sein und dir helfen, wenn du Hilfe benötigst ... Wenn Du möchtest kannst du dir gleich die Botschaft auf einen kleinen Zettel schreiben, den du immer bei dir trägst, damit du die Botschaft nicht vergisst ...

Doch nun beende die Übung und nimm dir hierfür genügend Zeit. Öffne deine Augen und rekel dich, bis du dich wieder voller Kraft und Energie fühlst ...

Stell dir vor, du bist ein Baby

Schließe nun deine Augen und stell dir vor, du wärst ganz klein. Ein kleines Baby ... Du wirst auf den Armen getragen und liebevoll gewiegt ... Ganz ruhig und sacht wirst du auf den Armen hin- und hergewiegt ... Hin und her, hin und her ... Dabei fühlst du dich vollkommen glücklich und geborgen, denn du spürst viel Wärme und Nähe ... Eine warme Hand streicht über dein winziges Köpfchen und streichelt dein Gesicht ... Wenn du Hunger bekommst und anfängst zu weinen, bekommst du warme Milch ... Als Baby kennst du keine Ängste und Sorgen ... In dir spürst du eine große Ruhe und Zufriedenheit ... Es ist immer einer da, wenn man jemanden braucht ...

Stell dir ruhig noch einen Moment vor, ein Baby zu sein. Was hättest du am liebsten ... Würdest du mit deinen kleinen Augen die Umgebung erkunden wollen ... Oder wäre es dir lieber, wenn man deinen kleinen Körper streichelt ... Vielleicht findest du es am schönsten, wenn man dich auf den Armen trägt und etwas wiegt ... Lass dir Zeit und genieße dein Leben als Baby ...

So, nun stell dir vor, dass du wächst und wächst, bis du schließlich wieder deine gewohnte Größe hast ... Komme dann in deinem Tempo wieder zurück in diesen Raum und öffne deine Augen ...

Ich bin ein Igel

Wenn du nun deine Augen schließt, stell dir einfach einmal vor, du wärst ein Igel ... Igel sind ganz besondere Tiere ... Sie haben lange Stacheln, die sie aufstellen können, wenn ihnen Gefahr droht oder sie sich vor jemandem schützen möchten ... Nun stell dir vor, dass auch du als kleiner Igel solche Stacheln hättest ... Wenn du auf deinen Beinen die Welt erforschst und deiner Arbeit nachgehst, erlebst du viele Dinge ... Mal schöne Erlebnisse, aber auch Situationen, die dir nicht so gefallen, ganz wie im richtigen Leben der Menschen ...

Und auch bei Igeln kommt es ab und zu vor, dass sie ihre Ruhe genießen möchten und dabei von niemandem gestört werden wollen ... Dann rollen sich die kleinen Igel einfach zu einer Kugel zusammen, verstecken ihren Kopf und stellen ihre piksigen Stacheln auf, damit ihnen keiner zu nahe kommt ...

Du darfst nun als kleiner Igel die Welt erkunden und Dinge erleben ... Wenn du dabei irgendwann das Gefühl bekommst, dass Gefahr droht, du dich schützen willst oder ganz viel Ruhe brauchst, rolle dich einmal zusammen und stelle all deine Stacheln auf, so kann dir nichts passieren ... (ein bis zwei Minuten)

Es ist langsam Zeit für dich, wieder in deine eigene Haut zu schlüpfen ... Vielleicht kannst du deine Zeit als Igel aber in guter Erinnerung behalten und dir das nächste Mal, wenn du Ruhe brauchst, einfach vorstellen, dass du ein Igel wärst ... Ziehe dich dazu zurück und versuche, dir die nötige Ruhe zu nehmen, die du so sehr brauchst ... Sicherlich hast du keine Stacheln, die du aufstellen kannst, aber sicher gibt es auch für dich jede Menge Möglichkeiten, wie du zu der Ruhe kommst, die du dir nehmen möchtest ...

Kehre jetzt bitte aus der Übung mit deinem eigenen Tempo zu uns zurück ... Gleich werden wir gemeinsam über die Übung sprechen ... Wenn du magst, kannst auch du erzählen, wie es dir als Igel ergangen ist, und was dir an deinem Igel-Dasein gut gefallen hat und was dir als Kind besser gefällt ...

Phantasiereisen rund um die Natur

Die Natur und ihre Bilder helfen uns dabei, zu entspannen, abzuschalten und neue Kraft zu tanken. Es kann so herrlich erfrischend sein, an einem schönen, sonnigen Tag durch den Wald zu gehen, das Laub unter den Füßen zu spüren, den zarten Stimmen der Vögel und dem leisen Rauschen des Windes zu lauschen und sich einen schönen Platz zu suchen, um sich von den Strahlen der hellen Sonne wärmen zu lassen. Dabei atmen wir die frische Waldluft ein, können die Stille genießen, die einem im Alltagstrott meist verborgen bleibt, und neue Kraft für den Alltag sammeln. Zudem führt uns die Natur auf natürliche Art und Weise zu dem natürlichen Leben ohne Hektik, Lärm und Stress zurück und verhilft uns auf sanften Wegen, unseren inneren Ruhepol wieder zu entdecken.

Der Sonnenaufgang

Es ist ganz früh am Morgen. Du bist ganz zeitig aufgestanden, um den Sonnenaufgang beobachten zu können. Bevor du das Haus verlässt, ziehst du dich warm an, damit du nicht frierst. Denn draußen ist die Luft noch kühl von der Nacht. Dann nimmst du dir eine warme Decke mit und machst dich auf den Weg. Als Erstes gehst du ein Stück auf einer grünen Wiese entlang, bis du schließlich an einen kleinen Berg kommst. Am Fuße des Berges führt ein kleiner Pfad den Berg hinauf. Du gehst den Pfad hinauf. Immer höher und höher steigst du, bis du schließlich den Berggipfel erreicht hast. Von hier aus hast du eine wunderbare Aussicht: Du kannst das ganze Tal überblicken ... Du erkennst die Wiese, über die du gegangen bist ... Den kleinen Wald ... Dann schaust du über die Dächer des kleinen Dorfes, das im Tal liegt. Mitten durch das Dorf fließt ein kleiner Fluß ...

Du kuschelst dich in deine warme Decke und machst es dir auf dem Berggipfel ganz gemütlich. Dann schaust du zu dem dunklen Himmel auf, an dessen Horizont du schon ein ganz kleines Stück der aufgehenden Sonne erblickst. Immer größer und runder wird die aufgehende Sonne ... Wie ein richtiger Feuerball ... Du bist überwältigt von den Farben der aufgehenden Sonne ... Der ganze Himmel ist von diesen Farben erfüllt ... Selbst der Fluss, der durch das Dorf fließt, erstrahlt im Licht der aufgehenden Sonne ... Immer höher und höher steigt die Sonne und wird heller und heller ... Schließlich steht die Sonne hoch oben am Himmel ...

Für dich ist es nun an der Zeit, nach Hause zurückzukehren ... Du gehst den Pfad, der zum Berggipfel geführt hat, wieder hinunter ... Schlenderst gut gelaunt über die Wiese, bis du wieder hierher zurückgekommen bist ... Öffne dann deine Augen ...

Am Bach

Stell dir einfach mal vor, dass du einen kleinen Spaziergang machst. Du schlenderst über eine wunderschöne Wiese, auf der viele bunte Blumen blühen. Es ist ein schöner, ganz warmer Tag im Sommer. Der Himmel ist ganz blau und die Sonne strahlt hell und warm. Schließlich kommst du an einen kleinen Bach. Über diesem Bach liegt ein umgekippter Baumstamm. Du balancierst ein Stück über ihn und setzt dich auf den Stamm und machst es dir gemütlich. Deine Füße sind müde von der Wanderung und so lässt du sie in das klare, reine Wasser des kleinen Baches baumeln. Das Wasser hat eine angenehme Temperatur und schenkt deinen müden Füßen neue Kraft ... Es tut gut, das Wasser an deinen Füßen zu spüren ...

Für einen Moment schließt du deine Augen und spürst neue Kraft in dir fließen ... Leise hörst du das fröhliche Plätschern des Baches und das zarte Zwitschern der Vögel, die hoch oben in den Baumkronen sitzen und sich die Sonne auf ihr buntes Federkleid scheinen lassen ...

Du öffnest deine Augen wieder und schaust dem fließenden Wasser nach. Wohin es wohl fließt, überlegst du dir ... Du kletterst von dem Baumstamm wieder hinunter und bemerkst einen kleinen, bunten Schmetterling, der über den Bach fliegt. Du kniest dich neben den schmalen Bach und tauchst deine Hände in das Wasser. Das klare Wasser umspült deine Hände und schenkt auch ihnen neue Kraft. Dann erfrischst du auch dein Gesicht mit dem Wasser des Baches und lässt die Wassertropfen auf deinem Gesicht von den warmen Strahlen der Sonne trocknen ...

Nun ist es leider an der Zeit, diesen schönen, ruhigen Ort zu verlassen und nach Hause zurückzukehren. Atme noch einige Male die frische Luft ein und öffne dann in deinem eigenen Tempo die Augen ...

Der Spaziergang im Wald

Stell dir vor, dass du einen schönen Spaziergang im Wald machst. Du hast heute viel erlebt und möchtest dich erst einmal richtig entspannen und genießt die Ruhe und Stille hier im Wald ... Der blaue Himmel leuchtet durch die Baumkronen hindurch und die Sonne ist herrlich warm ... Während du den Waldweg entlanggehst, spürst du das Laub unter deinen Füßen, das ab und zu leise raschelt ... In

den Bäumen hörst du leise die Vögel, wie sie ihre fröhlichen Lieder singen ... Du beobachtest begeistert die prächtigen Farben hier im Wald. Jede der vielen Baumkronen schimmert in einem anderen Grünton. Wie wunderbar die Bäume riechen. Du atmest die frische Waldluft ein, die dir neue Kraft und Energie schenkt. Schließlich kommst du an eine schöne Holzbank, die unter ein paar besonders schönen Bäumen steht. Du setzt dich auf die Bank und schaust in die Baumkronen hinauf. Der Wind schaukelt die Blätter ganz sanft hin und her, hin und her ... Du fühlst dich ganz ruhig und entspannt ... Viele Dinge kannst du sehen: Die Muster der Baumrinde ... Die Wurzeln der Bäume, wie sie in den Waldboden wachsen ... Die verschiedenen Formen der Blätter ... Und viele Dinge mehr. Lass dir ruhig Zeit dabei, deinen Wald zu erkunden ...

Nun beende deinen Spaziergang im Wald und kehre hierher zurück. Atme dazu einige Male tief ein und aus, bis du dich vollkommen frisch und erholt fühlst. Dann öffne deine Augen ...

Ich bin ein Baum

Stell dir einmal vor, du wärst ein Baum. Ein Baum deiner Wahl ... Du hast einen kräftigen Stamm, der so dick ist, dass ihn ein Mensch alleine nicht umfassen kann.

Deine Wurzeln ragen bis tief in die Erde hinein. Sie geben dir festen Halt und Sicherheit. Durch die Wurzeln ernährst du dich und nimmst all das aus dem Boden auf, was du zum Leben brauchst ...

Oben an deinem kräftigen Stamm wachsen viele Äste und Zweige, die eine prächtige Baumkrone bilden. Die Zweige und Äste werden von vielen grünen Blättern geschmückt. Wenn die Sonne scheint, reckst du dich mit deiner Baumkrone zu ihr empor und genießt, wie die Strahlen der Sonne deine Blätter und deinen Stamm erwärmen. Manchmal kommt ein leichter Wind auf und weht dich sacht hin und her. Ganz ruhig und regelmäßig bewegt der Wind deine Baumkrone. Es fühlt sich fast so an, als würde der Wind dich liebevoll wiegen. Es ist ein schönes Gefühl ...

Schau dich noch einen Moment an. Wie gefällst du dir als Baum ... Was für ein Baum bist du und welche Größe hat dein Stamm ... Wie sieht die Form deiner Blätter aus und welches Muster hat deine Rinde ... Wenn du magst, kannst du gleich ein Bild von dir als Baum malen ... Doch vorher atme tief ein und aus, recke und strecke dich, bis du dich wieder voller Kraft fühlst ...

Der wachsende Baum

Du bist ein noch ganz winziger Sprössling ... Deine Wurzel ist noch dünn und kurz ... Doch dann wirst du in die Erde gepflanzt ... Die Erde gibt dir Halt, Sicherheit, Schutz und Wärme ... So kann deine Wurzel schließlich wachsen und wachsen ... Immer größer und länger wird deine Wurzel ... Dann wird die Wurzel breiter und teilt sich in mehrere dicke und dünne Wurzeln ... So bekommst du einen noch besseren Halt und kannst auch nach oben sicherer weiterwachsen ... Deine Wurzel, die tief in der Erde stecken, nehmen Wasser und Nahrung auf, um dich zu ernähren ... Ganz schwer sind deine Wurzeln ... Schwer und stark ... Spüre deine Wurzeln ...

Am Himmel steht die Sonne und schickt ihre Strahlen auch auf dich hinunter ... Ganz angenehm fühlt sich die Wärme auf deinem Stamm, den Ästen, Zweigen und auch auf den Blättern an, die dir mittlerweile gewachsen sind ... Spüre die Wärme ... Die Wärme breitet sich in dir aus und wärmt dich überall ... Das gibt dir neue Kraft zum Wachsen ... Immer höher wächst dein Stamm ... Er geht auch in die Breite ... Ständig wachsen neue Zweige und Blätter an dir ... Du bist nun ein richtig schöner, prächtiger Baum ...

➤ Anmerkung:

Diese Phantasiereisen kann man ebenso gut im Stehen mit den Kindern durchführen. Lassen Sie die Kinder anschließend berichten, was sie während der Phantasiereisen erlebt haben und was sie spüren konnten. Vielleicht ist dem einen oder anderen aufgefallen, dass er eine andere Standfestigkeit bekommen hat.

Wenn Sie das Gefühl haben, die Kinder brauchen etwas Bewegung, können aber aus welchen Gründen auch immer nicht nach draußen, lässt sich diese Phantasiereise auch wunderbar als kleine Bewegungsgeschichte nachspielen. Dies ist besonders bei Kindern im Alter von drei bis sechs Jahren sehr beliebt. Untermalen Sie in diesem Fall die Erzählung ruhig mit meditativer Musik. So können Sie während der Erzählung längere Pausen einlegen, während derer sich die Kinder dem Text entsprechend bewegen können. Einen ruhigen, entspannten Ausgleich zum turbulenten Alltag schafft diese Geschichte auch auf diese Weise.

Stell dir vor ...

Stell dir einfach einmal vor, dass du ein Baum bist ... Irgendein Baum deiner Wahl ... Vielleicht kennst du einen Baum, der dir sehr gut gefällt und der du nun sein möchtest ... Wenn du magst, kannst du auch ein Zauberbaum sein, so ein richtig toller Zauberbaum ... Sieh dir dich ganz genau an ... Wie siehst du aus als Baum ... Wie groß bist du ... Wie sehen deine Blätter aus ... Welche Form haben sie ... Welche Farbe haben deine Blätter ... Dann schau dir auch deinen Stamm mal genau an ... Kannst du sehen, wie seine Rinde aussieht ... Ist die Rinde glatt oder gewellt ...? (30 bis 60 Sekunden)

Wenn du nun weißt, was für ein Baum du bist, dann stelle dir einen schönen Ort vor, an dem du als Baum stehen möchtest ... Wünsche dich irgendwo hin, wo es dir am allerbesten gefällt ... Schau dich dann auch an diesem Ort um ... Was gibt es dort alles ... Kannst du dort Geräusche wahrnehmen ... Welche Geräusche kannst du hören ... Gefallen sie dir ... Überlege mal, wie es ist, ein Baum zu sein ... Was wäre toll daran, als Baum zu leben ... (30 bis 60 Sekunden)

Kannst du spüren, wie sich deine Baumkrone ganz sanft im Wind hin und her bewegt ... Du hast keine Angst, denn du weißt, dass dir deine Wurzeln, die tief in der Erde stecken, einen guten, sicheren Halt geben ... Ganz sacht schaukelt dich der leichte Wind hin und her, hin und her ... Ganz ruhig und regelmäßig ist die Bewegung ... So, nun beende die Übung, indem du deine Hände zu ganz festen

Fäusten ballst, dich ausgiebig reckst und streckst ... So, als wolltest du so groß werden, wie du eben als Baum gewesen bist ... Wenn du magst, kannst du auch gähnen, das tut gut und macht einen wieder richtig wach ...

Das Blatt

Vor dir liegt nun ein Blatt ... Sieh es dir ganz genau an ... Welche Form hat dieses Blatt ... Welche Farbe ... Nimm das Blatt einmal in deine Hand und schau es dir aus der Nähe an ... Hat wohl an diesem Blatt einmal ein kleines Tier geknabbert ... Fühl einmal, wie sich das Blatt in deiner Hand anfühlt ... Wie schwer ist dieses Blatt, das du in Deiner Hand hältst ... Wie fühlt sich die Oberfläche deines Blattes an ... Riecht dieses Blatt ...

Wenn du dir dein Blatt genug angeschaut und es befühlt hast, lege es wieder vor dich auf den Boden ...

Mach es dir nun ganz bequem ... Setze dich gemütlich hin oder lege dich auf den Boden ... Wenn dich nichts mehr stört, schließe einfach mal deine Augen ... Stelle dir nun das Blatt vor, das vor dir liegt ... Versuche dir dieses Blatt vorzustellen, wie es aussieht ... Dann überlege dir mal, woher dieses Blatt kommen mag ... Von welchem Baum ist dieses Blatt ... Wo könnte der Baum gestanden haben ... Wie sah es dort aus ... Wie ist dieses Blatt auf den Boden gefallen oder hat es jemand abgepflückt ... Stell dir nun vor, wie dieses Blatt dann hierher zu dir gekommen ist ... Welchen Weg hat dieses Blatt gemacht ... Was hat das Blatt dabei wohl alles erlebt ... Stelle es dir genau vor ... (mindestens 60 Sekunden)

Wir werden diese Geschichte jetzt beenden ... So, dann recke und strecke dich ganz kräftig, bis du wieder ganz munter und voller Kraft bist ...

➤ Ein Tipp:

Wesentlich wirkungsvoller ist es, wenn Sie den Kindern für diese Geschichte wirklich ein Blatt in die Hand geben. Vielleicht machen Sie mit den Kindern kurze Zeit vorher einen kleinen Spaziergang oder lassen die Kinder auf dem Hof, im Garten oder woanders jeder ein Blatt suchen.

Auf der Wiese

Stell dir einmal vor, du machst einen Spaziergang zu einer wunderschönen Wiese ... Diese Wiese ist einfach wunderschön ... Das grüne, saftige Gras leuchtet herrlich im hellen Licht der Sonne und verströmt einen angenehm erfrischenden, aber auch entspannenden Duft ... Zwischen den grünen Grashalmen wachsen viele bunte Blumen ... Auf einer blauen Blume in deiner Nähe krabbelt ganz gemütlich ein winzig kleiner Marienkäfer umher ... In einiger Entfernung siehst du sogar ein paar Schmetterlinge, die zwischen den bunten Blumen umherfliegen ... Ruhig und elegant bewegen die Schmetterlinge dabei ihre zarten Flügel ... Du beobachtest die kleinen Tiere eine Weile lang aus einiger Entfernung, denn du möchtest sie in ihrem Spiel nicht stören oder gar einen von ihnen erschrecken ... (30 bis 60 Sekunden)

Dann wanderst du weiter über die Wiese ... Unter deinen Schritten spürst du das weiche Gras, das die Sonne mit ihren vielen Sonnenstrahlen ganz angenehm gewärmt hat ... Die wohltuende Wärme durchströmt deinen ganzen Körper ... Spüre auch die warmen Strahlen auf deiner Haut ... (30 bis 60 Sekunden)

Nun suchst du dir auf der Wiese einen gemütlichen Platz aus, an dem du dich ins weiche Gras legen kannst, um die Ruhe und Stille zu genießen, die von der Wiese ausgeht ... Schau dich ruhig eine Weile um und such dir einen schönen Platz aus, an dem du dich rundherum wohl fühlst ... (30 bis 60 Sekunden)

Dann lege dich dort ins weiche Gras und mach es dir so richtig bequem ... Genieße die Sonne, die deinen Körper in wohlige Wärme hüllt und nimm dir Zeit zum Träumen ... Träum den Traum von deiner Wiese ...

Je nach Ausdauer der Kinder und je nachdem, wie viel Erfahrungen sie mit Phantasiereisen schon gemacht haben, können Sie ihnen ein bis drei Minuten Zeit zur Pause lassen. Diese Pause eignet sich auch gut dafür, meditative Musik einzuspielen. (Beispielsweise mit der CD »Sandalin. Harmonische Instrumentalmusik zum Träumen für Kinder«, von Lawrence Carls und Volker Zöberlein, siehe Anhang)

Nun wird es Zeit, wieder nach Hause zurückzukehren und deine Wiese für heute zu verlassen ... Aber es steht dir offen, immer wieder dorthin zurückzugehen, wenn du einmal Zeit für dich brauchst und du dich ausruhen und von dem stressigen Alltag erholen möchtest ... Beende nun die Übung in deinem eigenen Tempo und kehre in unseren Raum zurück ...

Wenn ich ein Vogel wär ...

Stell dir vor, du wärst ein Vogel ... Ein richtiger Vogel mit einem schönen Federkleid und Flügeln zum Fliegen ... Lass dir eine Weile Zeit, um dich anzusehen. Wie gefällst du dir als Vogel ... Wie sehen deine Federn aus ... Dein Schnabel, deine Augen ... Wie groß bist du ... Du kannst ein Vogel sein, den du kennst oder – wenn du das lieber magst – ein Phantasievogel ...

Nun stell dir vor, du bewegst deine Flügel und erhebst dich in die Lüfte. Erst fliegst du nur ein ganz kleines Stück auf einen Apfelbaum hinauf. Doch nach einiger Zeit möchtest du höher hinauf und den weiten Himmel erkunden. Ganz ruhig und regelmäßig schwingen deine Flügel auf und ab, auf und ab. Du kommst mit jedem Flügelschlag dem blauen Himmel näher. Toll, wie die Welt von hier oben aussieht ... Als Erstes fliegst du über eine tolle, große Wiese, auf der viele Blumen blühen. Der zarte Duft dieser Blumen weht bis zu deiner Nase hinauf und wirkt herrlich entspannend ... Du fliegst immer weiter und genießt deine Freiheit hier oben ...

Jetzt ist es Zeit für dich, wieder nach Hause zurückzufliegen ... Du fliegst und fliegst, bis du hier in diesem Raum angekommen bist ... Dann rekele dich und öffne deine Augen ...

Am Strand

Stell dir mal vor, du bist in den Ferien an das Meer gefahren ... Heute hast du große Lust dazu, einen kleinen Spaziergang am Strand zu unternehmen, denn gerade heute ist der Himmel strahlend blau und keine einzige Wolke ist dort zu sehen ... Die Sonne steht hoch oben am Himmel und schickt all ihre warmen Sonnenstrahlen auf den Strand hinunter ... Barfuß gehst du durch den von der Sonne erwärmten Sand ... Du spürst, wie der feine Sand durch deine Zehen hindurchrieselt und dich sanft kitzelt ... Während du am Wasser entlanggehst, hältst du nach schönen Muscheln Ausschau ... Plötzlich kommst du an eine Stelle, an der ganz besonders viele und wunderschöne Muscheln liegen ... Du kniest dich in den weichen Sand und suchst dir ein paar ganz besonders hübsche Muscheln aus ... Welche Formen und Farben diese Muscheln nur haben ... Sie sehen einfach zauberhaft aus und jede von ihnen ist richtig einzigartig ... Wenn du eine wunderschöne Muschel entdeckst, hebst du sie auf und nimmst sie mit ... (30 bis 60 Sekunden)

Nun hast du genug Muscheln gesammelt und bekommst große Lust, mit deinen nackten Füßen durch das flache Wasser zu laufen ... Du stampfst richtig durch das Wasser, so dass es munter spritzt und dich herrlich erfrischt ... (30 bis 60 Sekunden)

Du gehst noch eine Weile am Strand entlang und entdeckst einen schönen Strandkorb, der so aussieht, als würde er geradezu auf dich warten ... Du machst es dir in ihm richtig bequem und schaust auf das weite Meer hinaus ... Dabei spürst du immer noch die warmen Sonnenstrahlen auf deiner Haut ... Du beobachtest fasziniert die kleinen Wellen und schaust zu, wie sie an den Starnd gespült werden und anschließend wieder zurück ins weite Meer hineinfließen ... Die Wellen kommen und gehen immer in demselben ruhigen Rhythmus ... Es werden neue Wellen ans Ufer gespült, die schließlich ganz ruhig und gemächlich ins Meer zurückfließen ... Dann kommen neue Wellen, die den Sand hinauslaufen, bis auch sie schließlich wieder ins Meer zurückfließen ... (30 bis 60 Sekunden)

Der Tag neigt sich langsam seinem Ende zu ... Es ist für dich an der Zeit, dich auf den Rückweg zu machen ... Du nimmst deine Muscheln, die du während des Spaziergangs gesammelt hast, und machst dich auf den Weg wieder hierher zurück ...

Beende die Übung nun in deinem eigenen Tempo ...

Phantasiereisen zum Einschlafen

Immer mehr Kinder leiden heutzutage schon unter Schlafstörungen. Bedingt durch unseren mit Reizen überfüllten und viel zu stressigen Alltag verlernen die Kinder abzuschalten und zur Ruhe zu kommen. Wenn sie abends in ihren Betten liegen, gehen ihnen tausend Dinge durch den Kopf, die ihnen Kopfzerbrechen bereiten. Das hindert sie dann daran, loszulassen und in den Schlaf zu fallen. Hinzu kommt auch, dass schon Kinder oft so verkrampft und verspannt sind, dass sie es alleine nicht mehr schaffen, sich zu entspannen. Mithilfe von Entspannungstechniken wie beispielsweise Autogenes Training, Progressive Muskelrelaxation, Yoga oder durch gezielte Phantasiereisen zum Entspannen können die Kinder lernen, wieder schneller ein- und auch durchzuschlafen.

Bevor ich Ihnen die Geschichten zum Einschlafen vorstelle, möchte ich Ihnen noch einige mögliche Ursachen für Schlafstörungen und Tipps mit auf den Weg geben, wenn Sie ein Kind haben, dass schlecht einschläft oder auch des Nachts keine Ruhe findet.

Mögliche Ursachen für Ein- und Durchschlafprobleme

➤ Angst

Angst ist ein ganz entscheidender Faktor, wenn Kinder unter Schlafstörungen leiden. Wenn Kinder im Bett liegen und es dunkel im Zimmer ist, sehen viele Gegenstände ganz anders aus. Beispielsweise können Gardinen im Dunkeln zu »unheimlichen Gespenstern« werden. Vor allen Dingen, wenn ein leichter Luftzug die Gardinen bewegt. Außerdem sehen Kinder in der Dunkelheit jede Menge Schatten, wenn der Mond ins Zimmer leuchtet oder eine Straßenlaterne in Fensternähe steht. Für Kinder ist die Dunkelheit auch oft mit dem Alleinsein oder Sich-alleine-Fühlen verbunden. Licht und Helligkeit geben Sicherheit. Wenn eine Mutter oder ein Vater nachts wach wird, weil das Kind weint und ins Kinderzimmer geht, wird denn auch in den meisten Fällen das Licht angeknipst, um das Kind zu beruhigen.

Nicht zu vergessen ist die Trennungsangst, die besonders bei jüngeren Kinder zu beobachten ist. Das Kind ist unsicher, ob die Trennung am Abend endgültig ist und ob die Eltern am nächsten Tag noch da sein werden. Ein Kind kann sich auch ungeliebt und abgeschoben vorkommen, wenn es merkt, dass die Eltern nun endlich allein sein und ihre Ruhe haben möchten. Das kann Unsicherheit und somit Angst bei dem Kind hervorrufen.

➤ Bedürfnis nach Selbstbehauptung

Möglicherweise kann das Bedürfnis nach Selbstbehauptung ein Grund dafür sein, warum Ihr Kind abends nicht ins Bett gehen möchte. Das Kind ficht einen Machtkampf aus, um Selbstbewusstsein zu entwickeln. Durch diesen »Kampf« lernt das Kind, sich zu behaupten und durchzusetzen. Es wird in dieser Phase genau probieren, wie weit es gehen kann und was es mit seinem Verhalten erreicht. Denn oft geben Eltern den Forderungen des Kindes nach und erfüllen dessen Wünsche. Sicherlich ist es völlig richtig, dem Kind Wünsche und Bedürfnisse zu erfüllen, denn es soll ja lernen, wie man sich behauptet und durchsetzt. Wenn ein Kind all das tun würde, was man von ihm verlangt, würde es nie lernen, Bedürfnisse zu äußern oder sich mit anderen Kindern auseinander zu setzen. Für die Eltern ist entscheidend und wichtig, Kompromisse zu finden und trotzdem Grenzen zu setzen und konsequent zu bleiben. Denn Unsicherheit auf Seiten der Eltern merken die Kinder sehr bald. Außerdem kann Inkonsequenz und Grenzenlosigkeit der Eltern bei einem Kind Unsicherheit und damit verbundene Angst hervorrufen.

Vergessen Sie nicht die Konkurrenzfähigkeit Ihres Kindes. Das Kind wird sich an Freunden orientieren und Ihnen genau vorhalten, wie lang andere aufbleiben dürfen. Lassen Sie sich auf Kompromisse ein und verschieben Sie die Zubettgehzeit fünf bis zehn Minuten nach hinten, aber bleiben Sie konsequent in Ihren Abmachungen!

➤ Belastende Tagesereignisse, Reizüberflutung und Stress

Ein anstrengender, aufregender Tag kann ein Kind ganz erheblich am Schlaf hindern. Selbst wir als Erwachsene können oft schlechter einschlafen, wenn wir einen Tag hatten, an dem viel passiert ist, oder wenn wir wissen, dass wir einen anstrengenden Tag vor uns haben. Dann liegt man im Bett und grübelt darüber nach, was man noch alles erledigen muss ... So ergeht es auch Kindern. Wenn ein Kind in den Kindergarten kommt, in die Schule, in einen Verein, eine Spielgruppe oder ein Fest ansteht, erleben Kinder das als Stress. Denn sie müssen sich auf die jeweilige Situation und die Menschen einstellen, müssen ihre Position in der Gruppe finden. Für ein Kind kann schon ein Einkauf im Supermarkt ein erschlagendes Ereignis und eine Reizüberflutung sein. Überlegen Sie einmal, wie viele Geräusche ein Kind am Tag aufnimmt, wie viele verschiedene Menschen es zu Gesicht bekommt, Farben, Formen und auch Gerüche. Wir selbst kennen schon viele Dinge und wissen, was uns erwartet. Aber ein Kind muss all diese Dinge, Geräusche und Menschen erst noch kennen lernen. Auch für Erwachsene ist es immer aufregend, wenn man z. B. in Urlaub fährt, umzieht oder in eine neue Gruppe kommt. Ein sensibles Kind kann durch eine solche Situation erst einmal völlig überfordert sein. Wenn man abends im Bett liegt und langsam Ruhe einkehrt, gehen einem die Ereignisse des Tages durch den Kopf und man beginnt, sie zu verarbeiten. Das ist auch bei Kindern so. Schauen Sie doch einfach einmal im Kinderzimmer nach, was dort an Spielzeug vorhanden ist, wie viele Farben und Geräusche (von drinnen und von draußen) auf das Kind einwirken ... Vielleicht gibt es auch einfach zu viele Dinge in dem Zimmer, die das Kind am Abend vom Schlaf ablenken.

➤ Körperliches Befinden – Krankheit

Ist Ihr Kind vielleicht nicht gesund, fühlt sich matt und schlapp? Wäre es möglich, dass Ihr Kind eine Krankheit ausbrütet und sich in seiner Haut nicht wohl fühlt? Wenn ein Kind Fieber, Husten und Schnupfen hat, ist es ganz natürlich, dass es schlecht schläft, nachts aufwacht oder erst gar nicht ins Bett möchte. Denn bei einer Erkältung bekommt man im Liegen schlecht Luft. Einem Kind kann das Angst machen und es ist ihm einfach unangenehm. In einem solchen Fall können Sie allerdings davon ausgehen, dass das Schlafproblem nach Ausheilung der Krankheit rasch wieder verschwinden wird.

➤ Das Schlafbedürfnis und Temperament von Kindern ist verschieden

Das Temperament eines Kindes spielt auch eine wesentliche Rolle bei Schlafproblemen. Ein sehr temperamentvolles Kind mit einem ausgeprägten Bewegungsdrang wird natürlich länger brauchen, um zur Ruhe zu kommen, als ein stilles, ruhiges Kind. Ein agiles Kind wird wahrscheinlich versuchen, die aufkommende Müdigkeit durch noch mehr Bewegung und Schwung zu bekämpfen. Vielleicht notieren Sie sich einmal die jeweilige Schlafdauer pro Tag. Wenn Sie eine Zeit lang ein so genanntes Schlafprotokoll führen, werden Sie genau wissen, wie viel Schlaf Ihr Kind denn nun wirklich benötigt. Es kann sein, dass Sie Ihr Kind zu früh ins Bett bringen, so dass es noch gar nicht richtig müde ist. Oder es wacht am Morgen zu früh auf, weil es ausreichend Schlaf bekommen hat. Sie brauchen keine Angst zu haben, dass Ihr Kind nicht genügend Schlaf bekommt. Die Kinder holen sich in der Regel so viel Schlaf, wie sie brauchen. Denken Sie einmal darüber nach, ob und wann Ihr Kind immer schläft. Vielleicht schläft es regelmäßig im Auto ein, wenn Sie es vom Kindergarten oder der Schule abholen. Kindern reichen oft fünf bis zehn Minuten Schlaf, um wieder völlig fit zu sein. Deswegen ist es sinnvoll, über einen bestimmten Zeitraum ein Schlafprotokoll zu führen, weil man dann ganz genau weiß, wann und wie lang das Kind nun wirklich schläft.

Vergessen Sie nicht, dass das Schlafbedürfnis Ihres Kindes mit der Zeit bzw. dem Alter des Kindes abnimmt!

➤ Umstellung vom Tag zur Nacht

Kinder im ersten Lebensjahr haben oft noch keinen festen Rhythmus und müssen erst langsam lernen, wann Tag ist und wann die Nacht beginnt. Einige Kinder stellen sich schnell auf den Tages- bzw. Nachtrhythmus der Eltern ein, andere Kinder brauchen länger. Dies hängt auch hier von dem Temperament des jeweiligen Kindes ab.

➤ Familiäre Situation

Wenn es innerhalb der Familie Konflikte und Spannungen gibt, reagieren Kinder oft ganz sensibel. Kinder werden dadurch unsicher und bekommen vielleicht auch Angst. Andererseits kann es sein, dass sich das Kind so sehr mit dem Problem und der Familiensituation beschäftigt, dass es am Abend keinen Schlaf findet. Besonders wenn Eltern Konflikte haben oder wenn sie sich getrennt haben, können Schlafprobleme die Folge sein.

Ein Kind kann auch Schlafprobleme bekommen, wenn die Mutter wieder arbeiten geht. Möglicherweise denkt das Kind, dass die Mutter es nicht mehr liebt, und es holt sich durch Einschlafstörungen die Aufmerksamkeit zurück, die nun am Tag verloren geht.

Bedenken Sie auch Ihre eigene Situation: Sie selbst sind völlig übermüdet und unausgeglichen, weil Ihr Kind nicht schläft. Wenn Ihr Kind aber merkt, dass Sie möchten, dass es schnell ins Bett geht und schläft, wird es vielleicht versuchen, Sie zu testen. Sie befinden sich dann in einem Teufelskreis, den Sie aber durchbrechen können. Tipps und Vorschläge, was Sie in einem solchen Fall unternehmen können, finden Sie im nächsten Abschnitt.

➤ Was Sie tun können, wenn Ihr Kind Schlafstörungen hat

➢ Lassen Sie Ihr Kind von einem Arzt untersuchen und feststellen, ob eine physische Ursache für die Schlafprobleme auszuschließen ist!

➢ Wichtig ist ein festes Ritual: Das Kind braucht einen immer gleich ablaufenden Rhythmus. Die Monotonie, die Sie dabei vielleicht empfinden, bemerkt Ihr Kind nicht. Im Gegenteil, dem Kind vermittelt der feste Ablauf ganz viel Sicherheit. Das abendliche Zubettgehen könnte z. B. in der folgenden, ritualisierten Reihenfolge vonstatten gehen:

- Ausziehen
- Waschen und Zähne putzen
- Gute-Nacht-Geschichte
- Gute-Nacht-Lied (sollte immer dasselbe sein)

➢ Für ältere Kinder kann es wichtig sein, über den vergangenen Tag zu sprechen. Über Geschehnisse in der Schule, zu Hause oder mit Freunden. Ein Gespräch kann dem Kind Sorgen und Ängste nehmen. Außerdem hilft es Eindrücke vom Tag zu verarbeiten.

➢ Sorgen Sie für einen entspannten Ablauf am Abend. Das erleichtert die Trennung und beruhigt nicht nur das Kind, sondern auch Sie. Falls Sie einen Termin haben oder etwas im Fernsehen ansehen möchten, beginnen Sie zeitig mit dem Ins-Bett-Bringen. Denn wenn Sie unter Zeitdruck stehen, kann sich die Unruhe auf das Kind übertragen.

➢ Achten Sie auch am Tag auf einen festen Ablauf. Für manche Kinder ist das ganz wichtig. Vielleicht nehmen Sie sich vor, jeden Tag nach der Schule oder dem Kindergarten etwas mit dem Kind zusammen zu unternehmen: Eine Geschichte zu lesen, sich zu unterhalten, zu singen oder einen Spaziergang zu machen. Ruhephasen während des Tages helfen dem Kind abzuschalten. Ansonsten kann es passieren, dass das Kind völlig »aufgekratzt« ist und nur schwer zur Ruhe kommen kann.

➢ Geben Sie Ihrem Kind Schlafhilfen:

- Ein Kuscheltier
- Eine kleine Lampe
- Lassen Sie die Tür einen Spalt offen.
- Vielleicht mag Ihr Kind sich im Bett noch ein Buch ansehen (legen Sie die genaue Anzahl vorher fest!) oder etwas meditative Musik hören. Besonders beruhigende Musik zum Einschlafen finden Sie auf folgenden Tonträgern (genaue Angaben siehe Anhang): »Meditation für Kinder« von Christine Sautter; »Kinderträumeland« von Detlev Jöcker; »Gute Nacht Musik« von Gomer Edwin Evans.
- Ein Photo von Ihnen oder beispielsweise ein T-Shirt, das Ihren Geruch ausströmt.

➢ Lüften sie im Zimmer einmal kurz durch, um für frische Luft zu sorgen.

➢ Gestalten Sie das Bett mit Ihrem Kind zusammen:

➢ Sorgen Sie z. B. mit einer Duftlampe oder, indem Sie Ihrem Kind eine entspannende Massage gönnen, für eine entspannte Atmosphäre.

- Vielleicht können Sie aus Stoff einen »Himmel« über das Bett hängen (bietet Sicherheit).

- Hängen Sie eine Lichterkette über das Bett, sie spendet etwas Licht und Helligkeit. Diese Lichterketten bringen sozusagen etwas »Licht ins Dunkle«.
- Vielleicht kratzt der Schlafanzug oder die Bettwäsche. Wenn Sie ganz weiße Bettwäsche haben (die können Sie z. B. bei Jako-O Versand, Postfach 1150, 96473 Rodach bestellen) können Sie diese mit Stoffmalfarbe wunderbar gestalten. Ihr Kind hat daran bestimmt viel Freude.

➢ Belohnen Sie Ihr Kind für jede Nacht, in der es problemlos schläft:

- vielleicht mit einer schönen Geschichte;
- einem kleinen Leuchtstern, der im Dunkeln leuchtet;
- mit einem schönen Gute-Nacht-Lied.

➢ Sehen Sie nicht dauernd nach, ob Ihr Kind eingeschlafen ist. Das verunsichert das Kind.

➢ Seien Sie konsequent und treffen Sie zusammen mit dem Kind Abmachungen, die es einhält.

➢ Wechseln Sie sich mit Ihrem Partner ab. Das erleichtert und verteilt die Verantwortung. Auch für das Kind ist es schöner, beide Eltern zu erleben.

➢ Geben Sie nicht auf und denken Sie auch an sich. Erfüllen Sie sich Wünsche, besuchen Sie einen Verein oder besorgen Sie sich einen Babysitter und gehen gemeinsam essen oder ins Kino. Denn wenn Sie ausgeglichen und zufrieden sind, wird sich dies positiv auf das Kind auswirken! Vielleicht überprüfen Sie Ihr Stressverhalten, wie schaffen Sie sich einen gesunden Ausgleich?

- Sollten alle Versuche scheitern, können Sie sich Hilfe bei erfahrenen HeilpraktikerInnen oder HomöopathInnen holen.

- Finden Sie selbst heraus, welche Tipps am besten zu Ihnen und Ihrem Kind passen, denn nicht alles hilft bei jedem Kind gleich gut. Wichtig ist nur, dass Sie klare Grenzen setzen und konsequent handeln (auch wenn es anfangs schwer fällt, es wird sich lohnen!). Wenn Sie nach einer gewissen Zeit merken, dass der eine oder andere Tipp Ihnen und Ihrem Kind nicht zusagt, lassen Sie ihn getrost weg. Sicherlich gibt es noch eine ganze Reihe anderer guter Tipps. Probieren Sie ruhig Verschiedenes aus und finden Sie heraus, was auch Ihrem Kind gefällt. Allerdings sollten Sie nicht täglich neue Dinge und Verhaltensweisen ausprobieren, sondern circa eine Woche an dem Ablauf festhalten, sonst bringt die Veränderung zu viel Unruhe und überfordert das Kind.

Der Sternenkönig

Du liegst in deinem Bett. Doch du kannst einfach nicht einschlafen. Viele Dinge gehen dir durch den Kopf. Durch das Fenster strahlt das Licht der Laterne, die vor dem Haus steht. Alles ist ganz ruhig und still ... Plötzlich hörst du ganz leise und von fern eine Stimme. Es ist ein leises Schluchzen oder Weinen. Als du nachsehen willst, woher die Stimme kommt, stehst du mit einem Mal vor einem großen See. Es ist der Sternensee. Du hast schon viel von ihm gehört. In dem Sternensee wohnt ganz tief unten auf dem Grund der Sternenkönig. Der Sternenkönig besitzt für jeden Menschen, der oben auf der Erde wohnt, einen Stern, die gefüllt sind mit den schönsten Träumen ... Da hörst du die Stimme wieder. In einiger Entfernung siehst du auf den großen Steinen, die am Ufer liegen, eine kleine Meerjungfrau sitzen. Die Meerjungfrau ist höchstens so groß wie du, und ihr Schuppenkleid schillert im Licht des Mondes. Vorsichtig gehst du auf die kleine Meerjungfrau zu, um sie nicht zu erschrecken. »Hallo«, sagst du leise. »Ich habe dich weinen gehört. Kann ich dir helfen?« Die Meerjungfrau hebt den Kopf und schaut dich mit ihren traurigen, verweinten Augen an. »Es ist so schrecklich«, schluchzt die kleine Meerjungfrau. »Der Sternenkönig hat mich gebeten, auf all die Sterne aufzupassen. Du musst wissen, für jeden kleinen und großen Menschen, den es gibt, hat der Sternenkönig einen Stern. Der Sternenkönig musste aber dringend weg. Es gab im Meer der Träume eine wichtige Traumkonferenz. Dort musste er hin. Deswegen bat er mich, auf seine Traumsterne Acht zu geben. Dabei ist ein Stern verloren gegangen!« Wieder beginnt die Meerjung-

frau zu weinen. Schnell suchst du in deiner Schlafanzughose nach einem Taschentuch. Als du eins gefunden hat, reichst du es der kleinen Meerjungfrau. »Hier«, sagst du. »Ich werde dir helfen den Stern wiederzufinden. Wir müssen uns beeilen.« Die kleine Meerjungfrau reicht dir eine silberne Kette, an der ein Amulett hängt. »Nimm diese Kette. Sie wird dir helfen und dich beschützen. Wenn du sie trägst, weiß jeder Bewohner des Sternensees, dass du ein Freund des Sternenkönigs bist.« Nachdem du dir die Kette umgehängt hast, siehst du gerade noch die Schwanzflosse der kleinen Meerjungfrau im Sternensee verschwinden. Schnell springst du ins Wasser. Der Anblick fasziniert dich, doch du weißt, dass du keine Zeit zu verlieren hast. Du durchsuchst jeden Winkel des Sternensees, schaust unter den Steinen und Muscheln nach, die auf dem Grund des Sees liegen ... Doch wohin du auch schaust – es ist kein Stern zu sehen. Du bist müde, deine Arme und Beine sind schwer von der langen Suche nach dem verloren gegangenen Stern. Bald wird der Sternenkönig zurückkehren und sehr böse sein, wenn er bemerkt, dass ein Stern fehlt. Doch halt, was ist denn das dahinten? Hinter einer Koralle glitzert und funkelt es. Schnell schwimmst du dorthin, um nachzusehen, was da leuchtet. Es ist ein Stern! Der Stern, der der kleinen Meerjungfrau entwischt ist. Du hebst ihn auf. Da bist du ja, du kleiner Ausreißer! Ganz fest hältst du den Stern in deiner kleinen Hand. Er darf nicht noch einmal verloren gehen. Du machst dich auf den Weg zu dem Palast der Sterne. Er ist leicht zu finden. Genau in der Mitte des Sternensees ragt groß und mächtig der Palast empor. Wie aus Glas schimmert er, so hell und klar. Als du dort ankommst und die Stufen, die zum Palast hinaufführen, betrittst, kommen dir der Sternenkönig und die kleine Meerjungfrau entgegen. Du überreichst dem Sternenkönig den kleinen Stern. »Vielen Dank, kleiner Held/kleine Heldin«, sagt der Sternenkönig zu dir. »Du hast dich auf die große Suche gemacht und den Stern wiedergefunden. Ich möchte dir zum Dank dafür einen Wunsch erfüllen.« Du überlegst. Dann fällt dir etwas ein: »Ich möchte einmal meinen Stern anschauen, den du als Sternenkönig für mich bewachst.« Der Sternenkönig nimmt dich an die Hand und bittet dich, ganz still zu sein. Gemeinsam geht ihr durch den Palast der Sterne, bis ihr an ein goldenes Tor kommt. Der Sternenkönig berührt mit seiner Hand das Schloss und das goldene Tor springt auf. Vor dir beginnt es zu schimmern und zu leuchten. Unzählige Sterne entdeckst du. Alle sind mit Träumen gefüllt, damit die Menschen auf der Erde gut schlafen können. In einer kleinen Nische, etwas versteckt, leuchtet ein besonders heller Stern. »Das«, flüstert der Sternenkönig dir zu, »das ist dein Stern. Schau ihn dir genau an.« Dein Stern ist gefüllt mit den schönsten Träumen. Ein Traum ist traumhafter als der andere. Du verabschiedest dich von dem Sternenkönig. Die Meerjungfrau gibt dir einen Kuss auf die Wange und bedankt sich für deine Hilfe. Dann machst du dich auf den Weg zurück in dein Bett. Denn du kannst es kaum abwarten, endlich einzuschlafen, weil du weißt, dass schon ein wunderschöner Traum auf dich wartet …

Augen zu, ich schlaf im Nu

Es ist schon spät und du liegst in deinem warmen, gemütlichen Bett. Doch so sehr du es dir auch wünschst, du kannst einfach nicht einschlafen. Von deinem Bett aus kannst du in den sternenklaren Himmel emporblicken. Der gute alte Mond leuchtet hell und schickt auch einige seiner Strahlen zu dir ins Zimmer hinein. Nanu, was war denn das, fragst du dich. Es sieht so aus, als wenn etwas auf einem besonders schönen Mondstrahl zu dir ins Zimmer hineingerutscht käme. Etwas ganz Kleines ... Als dieses Etwas näher kommt, erkennst du, dass es ein kleines Männlein ist, mit weißem, gelocktem Haar und einem schönen Bart. Und schwups, ist das kleine, ganz freundlich guckende Männlein auch schon in deinem Kinderzimmer gelandet. »Guten Abend!« sagt es und klettert an dem Zipfel deiner Bettdecke zu dir herauf. »Wer bist du denn?« fragst du erstaunt. »Ich bin Bali, ein Sternenmännlein. Ich beschütze alle Kinder hier auf der Erde und sorge für schöne Träume. Wenn einmal ein Kind nicht schlafen kann, so wie du heute, dann komme ich und zeige dir, wie du es schaffen kannst!« Bali, das Sternenmänlein, nimmt ein Säcklein von seinem Rücken und sucht darin. Nach einer Weile zieht es ein buntes Tuch heraus, auf dem viele goldene Sterne leuchten. »Komm, setz dich neben mich!« fordert Bali, das kleine Sternenmännlein, dich auf. Einen Moment lang zögerst du, doch Bali ist dir sehr sympathisch und außerdem hat er doch gesagt, dass er Kindern hilft, die nicht einschlafen können. Also setzt du dich zu dem Sternenmännlein auf das Tuch und machst es dir bequem. Und los geht es, dem blauen Abendhimmel entgegen. Bali lenkt das fliegende Tuch ganz vorsichtig und sacht den leuchtenden Sternen entgegen. »Augen zu, ich schlaf im Nu. Augen zu, ich schlaf im Nu ...«, singt Bali leise. Ganz ruhig und entspannt bist du. Während du auf dem Tuch liegst, spürst du, wie schwer deine Arme und Beine sind. Dein ganzer Körper fühlt sich angenehm schwer an. »Augen zu, ich schlaf im Nu. Augen zu, ich schlaf im Nu«, hörst du Bali immer noch leise summen. Da kommt eine kleine, weiße Wolke angeflogen und legt sich sacht auf deinen Körper. Die Wolke hält dich warm und geborgen. Du spürst, wie die Wärme sich in deinem Körper ausbreitet. »Augen zu, ich schlaf im Nu. Augen zu, ich schlaf im Nu«, singt auch die weiße Wolke, während ihr durch die Milchstraße hindurchfliegt. Der Mond und alle Sterne hier oben am Himmel wachen über dich und wünschen dir eine gute Nacht und vor allen Dingen schöne Träume. Alles ist ganz still und nur den leisen Gesang der Sterne kannst du hören: »Augen zu, ich schlaf im Nu. Augen zu, ich schlaf im Nu.« Etwas Goldenes leuchtet neben dir auf. Es ist ein kleiner Abendstern, der an einer goldenen Kette hängt. Auf dem Stern steht in großen Buchstaben: »Augen zu, ich schlaf im Nu.« »Die ist für dich!« flüstert Bali leise, damit du immer schöne Träume hast. Da fallen dir auch schon die Augen zu und du träumst einen wunderschönen Traum ...

Ich bin nun still, weil ich ins Traumland will

Es ist schon spät am Abend. Du liegst in deinem Bett und kuschelst dich so richtig in die warme Bettdecke hinein. Einen Moment lang lässt du deine Gedanken kreisen. Dir geht allerhand durch den Kopf, was du heute erlebt hast ...

Du schickst die Gedanken weg, denn es ist spät und du möchtest endlich schlafen. In deinem Zimmer ist es ruhig und du schaust einen Moment lang aus dem Fenster in den Sternenhimmel hinein. Der Mond steht dick und rund am Himmel und wacht über die Menschen, die schon in ihren Betten liegen. Auch du bist jetzt ganz ruhig und entspannt ... Deine Arme und Beine fühlen sich angenehm schwer an. Die Bettdecke wärmt deinen Körper. Du kannst richtig spüren, wie die Wärme durch deinen Körper hindurchströmt ...

»Ich bin nun still, weil ich ins Traumland will ...«, geht es dir durch den Kopf. Du stehst mit einem Mal vor einem kleinen, schmalen Fluss. Vor dir liegt ein kleines Boot, in dem ein Biber sitzt. »Komm, steig ein«, fordert dich der Biber auf. »Ich bin der Fährmann und bringe dich ins Traumland. Das Traumland ist der ruhigste und schönste Ort der Welt. Dort kann man sich herrlich entspannen und all die Dinge tun, zu denen man Lust hat. Am allerbesten kann man dort schlafen und die wunderbarsten Träume träumen ...« Du steigst zu dem freundlichen Biber ins Boot und schon rudert er dich in Richtung Traumland. »Ich bin nun still, weil ich ins Traumland will. Ich bin nun still, weil ich ins Traumland will ...«, raunt das Wasser leise. Als ihr am Ufer des Traumlandes angekommen seid, verabschiedest du dich vom Biber und kletterst aus dem Boot. Du gehst einen kleinen Pfad entlang und kommst schließlich an eine schöne Traumwiese. Erschöpft lässt du dich ins weiche, warme Gras fallen und du merkst, wie bereits die Ruhe des Traumlandes in dir wirkt. Du bist vollkommen entspannt. Die Sonne, die im Traumland zu jeder Zeit scheint, wärmt deinen Körper sanft. Ganz angenehm wohl und geborgen fühlst du dich hier im Traumland. Von weither hörst du leisen Gesang: »Ich bin nun still, weil ich ins Traumland will. Ich bin nun still, weil ich ins Traumland will ...« Und da fallen dir deine Augen zu und du träumst den Traum vom Traumland ...

Der Traumzauberbaum

Du liegst schon eine Weile im Bett und versuchst einzuschlafen. Als dir deine Augen schließlich zufallen, siehst du vor dir eine wunderschöne Waldlichtung. Du gehst auf die Lichtung zu und bemerkst das muntere Plätschern eines

Baches. Es ist so ruhig hier, dass du sogar einige Vögel ihre Lieder singen hörst. Als du an dem Bach ein Stück entlanggehst, kommst du an eine schöne Hecke. Mitten in der Hecke ist eine Öffnung, die aussieht wie ein prächtiges Tor. Du schreitest durch das Tor in der Hecke hindurch und stehst an einem See. Es ist der schönste See, den du je in deinem Leben gesehen hast. Auf dem See schwimmen viele Seerosen. Direkt zu deinen Füßen, am Ufer des Sees, liegt ein besonders großes Seerosenblatt. Du machst es dir auf dem Blatt gemütlich und schon kommen zwei kleine Elfen angeflogen. »Wir heißen dich herzlich willkommen im Traumzauberland.« Dann fliegen die beiden Elfen los und ziehen dich langsam auf dem Seerosenblatt über den See. Das Wasser des Sees ist wunderbar klar. Man kann bis auf den Boden schauen. Einige Fische schwimmen neben dir her und begleiten dich auf deinem Weg durch das Traumland. Sie achten darauf, dass dir nichts passiert. Eine große Ruhe macht sich in dir breit. Ganz ruhig und entspannt bist du. Und du fühlst dich rundherum wohl und ganz geborgen ... Als du am anderen Ufer ankommst, verabschieden sich die Fische und die beiden kleinen Elfen von dir. »Wenn du immer geradeaus gehst, kommst du an einen wunderschönen Baum. Es ist der Traumzauberbaum. Der wird dir jeden Traumwunsch erfüllen. Bestell ihm liebe Grüße von uns.« Und schon fliegen die beiden Elfen davon. Der Traumzauberbaum hat dich neugierig gemacht. Also machst du dich auf den Weg. Nach einiger Zeit siehst du vor dir tatsächlich einen wunderschönen Baum mit einer prächtigen Baumkrone. Du gehst auf den Baum zu und hörst eine leise, ganz beruhigende Stimme: »Willkommen im Traumzauberland. Ich bin der Traumzauberbaum und erfülle dir jeden Traumwunsch. Wenn du magst, kannst du dich in die Hängematte legen, die an meinen unteren Ästen hängt. Darin wirst du eine kleine Feder finden. Es ist eine echte Traumfeder. Wenn du mit ihr über eines meiner Blätter streichst, wirst du im Nu den schönsten Traum träumen! Viel Glück und vor allen Dingen einen schönen Traum wünsche ich dir.« Du gehst um den riesigen Baumstamm herum und entdeckst die Hängematte, von der der Traumzauberbaum dir soeben erzählt hat. Auch die Traumfeder findest du. Doch zuerst machst du es dir in der Hängematte gemütlich und kuschelst dich in die Kissen hinein. Der Traumzauberbaum deckt dich mit einigen seiner Traumzauberblätter zu und wärmt dich. Vorsichtig schaukelt er dich in der Hängematte hin und her ... Du suchst dir ein besonders schönes Blatt aus und streichst mit der Feder darüber. Und schon träumst du einen wunderschönen Traum ...

Mein Wolkenbett

Wieder einmal liegst du in deinem Bett und kannst nicht einschlafen. Ständig wälzt du dich von der einen auf die andere Seite. Durch das Fenster in deinem Zimmer schaust du in den Abendhimmel hinein. Eine große, weiße Wolke kommt des Weges und schiebt sich vor den Mond. Die Wolke leuchtet ganz hell und sieht aus, als wäre sie aus Watte. Dir fallen die Augen zu und mit einem Mal ist dein Bett verschwunden und du liegst auf der wunderschönen, warmen, weichen Wolke, die du eben noch von deinem Zimmer aus beobachtet hast ... Ist das vielleicht toll. Ein richtiges Bett aus Wolken – das hast du dir immer schon gewünscht ... Du kuschelst dich richtig in die schöne Wolke hinein, da kommen noch einige kleine Wolken und decken dich sacht zu. Die Wolken halten dich sicher und geborgen ... Dein Körper ist angenehm schwer und durch dich hindurch strömt eine angenehme Wärme ... Auf deinem weichen, warmen Wolkenbett fliegst du dem strahlend blauen Himmel entgegen. Immer höher und höher fliegen dich die Wolken. Während du in deinem Wolkenbett durch den Himmel fliegst, triffst du auch andere Wolkenbetten, in denen Kinder liegen. Ist das vielleicht lustig. Jedes Kind hat ein anderes Wolkenbett. Ein Wolkenbett sieht aus wie ein kleines Schaf ... Ein anderes Wolkenbett hat die Form eines richtigen Sterns ... Ein kleines Mädchen liegt in einem Wolkenbett, das einem Schmetterling ähnlich sieht ... Und wieder ein anderes Kind hat ein Wolkenbett, das aussieht wie ein Elefant mit riesigen Ohren ... Mit euren tollen Wolkenbetten fliegt ihr durch die Lüfte ... Doch nun wird es Zeit für dich und du verabschiedest dich von den anderen Kindern, die in ihren Wolkenbetten liegen. Dein Wolkenbett bringt dich sicher wieder nach Hause zurück und legt dich in dein Bett. Die Wolken wünschen dir einen schönen Traum, doch du bist schon längst eingeschlafen ...

Eine Reise durch die Nacht

Eingekuschelt in deinem warmen Bett liegst du da. Dir gehen viele, viele Dinge durch deinen Kopf. Du hast einen anstrengenden Tag hinter dir und kannst noch nicht so recht einschlafen. Auf einmal erhebt sich dein Bett langsam und ganz vorsichtig in die Lüfte und fliegt mit dir durch dein Kinderzimmer. Nachdem du einige Runden im Bett durch dein Zimmer geflogen bist, fliegt das Bett durch das Fenster hindurch, dem blauen Abendhimmel entgegen. Du machst es dir im Bett so richtig gemütlich und kuschelst dich in die warme, weiche Bettdecke hinein. Immer höher und höher fliegt dein Bett. Ihr fliegt an weißen, kleinen Wolken vorüber ... Kommt an gold leuchtenden Sternen vorbei, die dir freundlich zuwinken ... Die Stadt sieht vielleicht komisch aus, von hier oben. Ganz klitzeklein sind die Häuser und Straßen. Die Autos kann man fast gar nicht mehr erkennen ... Mit einem Mal hörst du eine sanfte Stimme sagen: »Na, kleines Menschenkind, was machst du denn zu so später Stunde noch hier? Solltest du nicht längst in deinem Bett liegen und schlafen? Aber wie ich sehe, liegst du ja bereits im Bett!« Die Stimme kommt von dem kleinen Mann im Mond. So hoch bist du nämlich mit deinem Bett geflogen. Der kleine Mann im Mond sitzt auf der dicken Nase des Mondes und lächelt dir zu. Auf seinem Kopf hat er eine rotweiß gestreifte Zipfelmütze und sein kleiner Körper steckt in einem weißen, ganz langen Nachthemd. »Weißt du was?« fährt der kleine Mann im Mond fort. »Ich erzähl dir eine kleine Geschichte!« Du hörst dem kleinen Mondmann aufmerksam zu und während er dir seine Geschichte erzählt, schaukelt er dein Bett langsam hin und her ... Hin und her, immer in demselben ruhigen Rhythmus ... Du bist ganz ruhig und entspannt ... Dein Körper ist angenehm schwer und strömend warm ... Dein ganzer Körper ist strömend warm und vollkommen ruhig ... Die Stimme des Mondmanns wird immer leiser und leiser ... Dann kannst du sie fast nicht mehr hören, weil dir die Augen zugefallen sind und der Mondmann dir einen Traum ins Ohr gesetzt hat ... Schlaf gut ...

In den Mondbergen

Es ist schon spät am Abend. Du liegst in deinem Bett und kannst von dort aus durch das Fenster hinausschauen. Du blickst geradewegs in den Abendhimmel hinein. Der Mond leuchtet hell und klar. Er sieht aus wie eine leuchtende Zauberkugel. Auf dem Mond erkennst du auch einige Schatten, die aussehen wie richtige Berge. Plötzlich hörst du eine leise, freundliche Stimme flüstern: »Komm, kleines Menschenkind, mach eine kleine Nachtwanderung durch die Mondberge. Dann kannst du sicherlich besser einschlafen!« Und während du dich noch wunderst und fragst, woher die nette Stimme kam, funkelt ein wunderschöner Mondstrahl neben deinem Bett auf. Du kletterst aus deinem Bett heraus und machst dich auf den Weg zu den Mondbergen. Schritt für Schritt erklimmst du den Mondstrahl, der dir den Weg dorthin leuchtet. Auf dem Weg zu den Mondbergen nimmst du mit einem Mal eine große Ruhe in dir wahr ... Du bist vollkommen ruhig und entspannt ... Hier oben gibt es keine lauten, störenden Geräusche ... Völlig ruhig und still ist es hier ... Du nimmst den entspannenden Duft der Nacht wahr, die dich herrlich entspannen lässt ... Rieche den entspannenden Duft ...

Schließlich bist du ganz oben in den Mondbergen angelangt ... Die Berge sehen aus, als wären sie aus Glas ... Und je nachdem, wie das Licht des Mondes auf sie scheint, erkennst du einen schimmernden Glanz auf ihnen, so als würde sich ein Regenbogen in ihnen spiegeln ... Vor dir liegt ein Pfad, der durch die Mondberge hindurchführt. Du gehst ihn eine Weile entlang, bis dir eine kleine, weiße Abendwolke entgegenschwebt. »Komm, kleines Menschenkind, nimm auf mir Platz und mache es dir so richtig gemütlich!« Vorsichtig kletterst du auf die freundliche Abendwolke hinauf und legst dich hin ... Ist das vielleicht kuschelig und weich ... Die kleine Abendwolke fliegt mit dir durch die Mondberge hindurch ... Und während des Flugs beobachtest du all die schönen Dinge ... Die Mondberge ... Den Mond, der die wunderbare Nacht erhellt, und natürlich auch die vielen kleinen Sterne, die hell am Himmel funkeln ... Und während ihr durch die warme Luft fliegt, fallen dir deine Augen zu ... Du spürst in deinen Armen und Beinen eine angenehme Schwere ... Ganz schwer sind deine Arme und Beine nun von der langen Wanderung auf dem Mondstrahl ... Fühl einmal, wie schwer deine Arme und Beine sind ... Die Abendwolke und der Schein des Mondes wärmen dich und hüllen dich in ein wohltuendes Licht ... Ganz warm sind deine Arme und Beine ... Spüre, wie sich die Wärme strömend in deinem ganzen Körper ausbreitet ... Du fühlst dich vollkommen sicher und geborgen ... Sanft, ganz sanft schaukelt dich die Abendwolke hin und her ... Ganz ruhig und regelmäßig ... Lass dich in den Schlaf wiegen, kleines Menschenkind ... Gute Nacht und schöne Träume ...

Die Hängematte der Sterne

Stell dir einmal vor, du liegst in deinem Bett und kannst überhaupt nicht einschlafen ... So sehr du es dir auch wünschst, es klappt einfach nicht, weil dir viel zu viele Dinge durch den Kopf gehen. Du denkst darüber nach, wie dein Tag heute war und was du alles erlebt hast ... Manchmal gibt es einfach Tage, da geht alles schief ... Und genauso ein Tag war heute ...

Und während du im Bett liegst und deinen Gedanken nachgehst, stupst dich etwas ganz freundlich und sanft von der Seite an. Neben deinem Kopfkissen schwebt ein kleiner Stern. »Sei nicht traurig. Komm einfach mit und spiel ein bisschen mit mir und den vielen anderen Sternen. Sie warten schon auf dich!« Und da nimmt der kleine Stern dich schon an seine Hand und fliegt ganz vorsichtig mit dir in den wunderschönen Abendhimmel hinauf, den anderen Sternen entgegen ...

Die Luft in dieser Nacht ist herrlich warm ... Die Sterne am Abendhimmel begrüßen dich ganz herzlich. Ein paar ganz kleine Sterne sind etwas übermütig und tanzen munter um dich herum. »Spiel mit uns Fangen«, rufen sie und laufen vor dir weg. Du überlegst nicht lang und flitzt hinter den kleinen Sternen her ... Und da hast du auch den ersten wieder eingefangen. So tollt und tobt ihr eine ganze Weile lang durch den Abendhimmel ... Doch schließlich bist du ganz müde und erschöpft ... Ich muss mich wohl eine Weile ausruhen, geht es dir durch den Kopf, und schon merkst du, wie die Sterne dich zärtlich umhüllen. Der ganz kleine, muntere Stern von eben kuschelt sich neben dich. »So, du hast das Glück heute Abend in der Hängematte der Sterne schlafen zu dürfen. Toll, nicht wahr! Alle die Sterne halten dich sicher und geborgen die ganze Nacht«, hörst du den Stern noch leise flüstern, dann fallen dir schon deine Augen zu ... Du bist nun vollkommen ruhig und entspannt ... Nichts kann dich mehr stören ... Und während du noch darüber schmunzelst, wie du eben mit den Sternen Fangen gespielt und herumgetobt hast, nimmst du ein angenehmes Gefühl von Schwere in deinem Körper wahr ... Besonders schwer sind deine Arme und Beine ... Du kannst die Schwere in Armen und Beinen richtig gut spüren ... Die Sterne umhüllen dich, so dass du in deinem Körper eine wohltuende Wärme spüren kannst ... Die Wärme spürst du richtig gut ... Deine Arme und Beine sind warm, ganz warm ... Lass die angenehme Wärme durch deinen Körper hindurchwandern ... Und während du in der Hängematte der Sterne liegst, schaukelt diese dich hin und her, hin und her ... Ganz ruhig und sanft schaukelt die Hängematte der Sterne dich, ganz ruhig und regelmäßig ... Bis du eingeschlafen bist und den schönsten Traum träumst ...

Literaturempfehlungen und empfehlenswerte Tonträger

1. Literatur

Dorothée Kreusch-Jacob: Lieder aus der Stille. Düsseldorf, 5. Aufl. 1996 (Patmos Verlag). Diese Klangbilder und Meditationen für Kinder sind auch auf CD und MC lieferbar und geben den Phantasiereisen einen schönen Rahmen.

Gisela Preuschoff: Kinder zur Stille führen. Meditative Spiele, Geschichten und Übungen. Freiburg, 5. Aufl. 1997 (Herder Verlag). Dieses Buch enthält darüber hinaus viele Tipps für Eltern und PädagogInnen.

Sigrid Schmidt: Bach-Blüten für Kinder. Praktische Hilfe - natürlich und wirksam. München, 5. Aufl. 1996 (Gräfe und Unzer Verlag)

Karin Seyer-Sauke/Margret Lochner (Ill.): Olli Krachmacher entdeckt die Stille. Fürth 1994 (VKA Verlag Kaboni). Dies ist ein wunderbares Bilderbuch, das die Kinder behutsam und sehr kindgerecht an das Thema Stille heranführt.

Birgit Jackel: Ausgeglichen und entspannt. Stress bei Kindern erkennen und abbauen. München 2004 (Kösel). Aus der Vielzahl der Entspannungstechniken werden besonders erlebnisorientierte und kindgerechte Übungen vorgestellt. Das Buch enthält 12 Bewegungsgeschichten aus der Progressiven Muskelrelaxation.

Sabine Seyffert: Ein Himmel voller Luftballons. 100 Spiele mit Luftballons zum Toben, Entspannen und Träumen. Münster 1996 (Menschenkinder Verlag). Spielideen nicht nur zum Toben und Entspannen, sondern auch für eine bessere Atmung, zum Gestalten, Basteln und Träumen.

Sabine Seyffert: Viele kleine Streichelhände. Massagen und Entspannungsübungen mit Spielgeschichten und Liedern. Münster 1997 (Menschenkinder Verlag). Hierbei handelt es sich um einfühlsame Übungen zur Körperwahrnehmung und zum Massieren. Die Kinder können sich bei den Übungen allein oder in kleinen Gruppen massieren. Genauso gut kann man die Massageübungen auch zu Hause durchführen, beispielsweise als Begrüßungsritual am Morgen oder abends vor dem Schlafengehen.

Sabine Seyffert: Dschungelfest und Ritterparty. Mit Kindern feiern. Münster 1996 (Menschenkinder Verlag). In diesem Buch geht es um das entspannte Feiern mit Kindern. Jedes Fest ist so aufgebaut, dass einem bewegungsfreudigen Spiel eine Spielaktion zum Ruhigwerden folgt. Und jedes Fest schließt mit einer Phantasiereise zum Festmotto ab, damit die Feier einen harmonischen, entspannten Ausklang findet.

Sabine Seyffert: Entspannte Kinder lernen besser. Vor dem Lernen erst den Stress beseitigen - Übungen, Geschichten, Tips. Freiburg 1998 (Herder Verlag).

Dagmar C. Walter: Bach-Blüten für die Kinderseele. Die Entwicklung von Kindern fördern und stärken. Freiburg 1997 (Herder Verlag).

2. Tonträger

Alohin/Lawrence Carls/Volker Zöberlein: Harmonische Musik zum Träumen für Kinder. Neptun Music 1993

Lawrence Carls/Volker Zöberlein: Sandalin. Harmonische Instrumentalmusik zum Träumen für Kinder. Neptun Music 1993
Gomer Edwin Evans: Baby Dreams. Harmonische Instrumentalmusik zum Einschlafen für Babys und Kleinkinder. Neptun Music 1997

Gomer Edwin Evans: Gute-Nacht-Musik. Neptun Music 1993

Gomer Edwin Evans: Mutter und Kind. Entspannungsmusik. Neptun Music 1993

Christine Sautter: Meditation für Kinder. Falk Verlag 1993. Hier ist besonders die Seite B zu empfehlen!

Franz Schuier: Musik zum Einschlafen. So schlafen und träumen Kinder gut. Kösel 2001

Franz Schuier: leichter lernen. Entspannungsmusik für Kids. Kösel 2004

Franz Schuier/Sabine Seyffert: Komm mit ins Regenbogenland. Entspannungsmusik für Kinder. Kösel 2006. Die Musik dieser CD ist von den Phantasiereisen dieses Buches inspiriert und eignet sich besonders gut als Begleitmusik zum Vorlesen und als Unterstützung für die Entspannungsgeschichten.

Seminare mit der Autorin

Sabine Seyffert, staatlich anerkannte Erzieherin, Entspannungspädagogin und Psychologische Beraterin, ist seit vielen Jahren freiberuflich in eigener Praxis tätig.
Sie bietet Kurse in Autogenem Training für Kinder, Jugendliche und Erwachsene sowie zahlreiche Fortbildungsveranstaltungen zum Thema Entspannung mit Kindern an. Ebenso finden regelmäßig Veranstaltungen zu ihren Buchpublikationen statt. Seit 1999 ist sie als Gastreferentin zusammen mit einer Kollegin in der Ausbildung zur Entspannungspädagogin für Kinder tätig. Ausbildungsunterlagen können gegen eine Schutzgebühr von 1,44 EUR in Briefmarken angefordert werden. Wer Interesse an Kursen und Fortbildungen hat, wendet sich bitte an folgende Anschrift:

Praxis für Entspannungspädagogik & Kreativität
z.Hd. Sabine Seyffert
Postfach 110523
42305 Wuppertal